云南省社会科学界联合会 组编

《云南史话》编委会

主　　编　　张瑞才
副 主 编　　余炳武　　戴世平
委　　员　　吴绍斌　　李　波　　吴丽萍　　龚志龙
　　　　　　周　明　　岳石林　　陈克华　　胡丽华
　　　　　　何锡英　　李保欣　　赵卓磊　　张培锋
　　　　　　李维金　　杨五青　　和文平　　游启道
　　　　　　李文育　　陈树华　　刘　军　　马维聪

《楚雄史话》编委会

主　　任　　何锡英
副 主 任　　朱明云　　晏自军
成　　员　　陈九彬　　杜晋宏　　文有贤　　周能汉

楚雄史话

楚雄州社会科学界联合会 编著

云南出版集团
云南人民出版社

图书在版编目（CIP）数据

楚雄史话 / 云南省社会科学界联合会组编；楚雄州社会科学界联合会编著 . -- 昆明：云南人民出版社，2017.11（2018.12 重印）

（云南史话 . 地方系列）

ISBN 978-7-222-16676-9

Ⅰ . ①楚… Ⅱ . ①云… ②楚… Ⅲ . ①楚雄州 – 地方史 Ⅳ . ① K297.44

中国版本图书馆 CIP 数据核字 (2017) 第 286785 号

出 版 人：赵石定
统筹编辑：马维聪
责任编辑：李东华　段金华
责任校对：余丽红　陈　亚
责任印制：洪中丽
装帧设计：赵　丹

楚雄史话
chuxiong shihua

云南省社会科学界联合会　组编
楚雄州社会科学界联合会　编著

出　版	云南出版集团　云南人民出版社
发　行	云南人民出版社
社　址	昆明市环城西路 609 号
邮　编	650034
网　址	http://ynpress.yunshow.com
E-mail	ynrms@sina.com
开　本	787mm×1092mm　1/32
印　张	9.25
字　数	130 千
版　次	2017 年 11 月第 1 版　2018 年 12 月 2 次印刷
印　刷	云南商奥印务有限公司
书　号	ISBN 978-7-222-16676-9
定　价	29.00 元

如需购买图书、反馈意见，请与我社联系

总编室：0871-64109126　发行部：0871-64108507
审校部：0871-64164626　印制部：0871-64191534

版权所有　侵权必究　印装差错　负责调换

云南人民出版社公众微信号

总　序

七彩云南，气象万千。

这里东连黔桂，西邻缅甸，北靠川渝，南望越南、老挝，是祖国大陆通往南亚东南亚、前出印度洋的枢纽和大通道。特殊的地理，悠久的历史，孕育了深厚的底蕴，创造了丰富多彩的灿烂文化，成为中华文化同南亚次大陆文化、东南亚文化交汇区域，是文化交汇、融合、多样性的现代范本。

这里山川纵横。横断山、哀牢山、无量山、云岭、乌蒙山等山系支撑起祖国西南辽阔的天空。这里碧水荡漾。滇池、洱海、抚仙湖、程海、泸沽湖、杞麓湖、异龙湖、星云湖、阳宗海等湖泊，像一颗颗璀璨的明珠，镶嵌在云南高原上。这里江河澎湃。金沙江、澜沧江、怒江、红河、南盘江、伊洛瓦底江等六大水流联通各民族共同的家园。这里是植物王国、动物王国、有色金属王国。这里气候温和、四季犹春,在中国是绝无仅有的宜居宝地。

这里历史悠久。元谋人从170万年前的远古走来。战国中晚期庄蹻入滇,第一次把楚文化与滇文化连接起来。秦开五尺道、汉习楼船,云南正式纳入祖国版图。唐宋时期,南诏、大理国文化唱响西南。元初正式建立行省。明清时期,云南经济社会得到长足发展。20世纪初,云南各族人民打响了护国战争第一枪,开始埋葬封建帝制。在抗日战争中,几十万云南各族儿女征战沙场,扬我国威!西南联合大学谱写了世界教育史上的奇迹。

在这片红土地上,传承着红色文化基因。走出了王复生、王德三等早期马克思主义播火者,走出了无产阶级军事家罗炳辉,《中华人民共和国国歌》的作曲者聂耳,马克思主义大众化的中国第一人、我们党思想理论战线忠诚的战士和学者艾思奇。20世纪30年代,毛泽东率领中国工

总　序

农红军长征过云南,播下了革命火种。40年代后期,中国共产党领导下的滇桂黔边纵队与中国人民解放军,在极端艰难困苦的条件下英勇作战,迎来了新中国的诞生!

这一切,催生了一系列独具特色的历史文化:有史前文化、古滇文化、哀牢文化、爨文化、南诏文化、移民文化、护国文化、抗战文化、西南联大文化、红色文化。

这里是民族文化的富聚区,民族文化多样性的活态博物馆。26个民族中16个独有民族,15个民族跨境而居。民族文化丰富多彩、博大精深、底蕴深厚、特色鲜明。如彝族的毕摩文化、藏传南传佛教文化、傣族的贝叶文化、纳西族的东巴文化、哈尼族的梯田文化,等等,还有各种各具特色的丧葬、婚姻、服饰、建筑、节日、歌舞、生态等文化形态。此外还有各民族长期以来相互交融、相互学习、共同发展而产生的综合性文化,如茶文化、医药文化、烟草文化、驿道文化、青铜文化、石刻文化等,异彩纷呈,不胜枚举。

云南各民族优秀文化是中华文化的重要组成部分，是中华文化的瑰宝，是中华民族文化大花园中的奇葩！在长期的历史发展中，在红土高原上，形成独具特色的历史文化、地域文化、民族文化，其突出特点是多样形态、多元一体、和谐共生。各种文化，相互交融。佛教文化、基督教文化和伊斯兰文化并存（即使在同一宗教内，不同派别也和睦相处，如同为佛教，藏传佛教、南传上座部佛教和汉传佛教，亲密无间）、儒释道文化并存、原生态文化与现代文化并存、多民族文化并存。

在经济全球化、文化经济化、经济文化一体化的今天，文化既是社会生活方式，更是一种社会生产力，是各民族共同的精神家园。

"观乎天文，以察时变；观乎人文，以化成天下"（《易经-贲卦》）。习近平总书记指出："要始终坚持道路自信、理论自信、制度自信，最根本的还有一个文化自信。"党的十九大报告提出："要坚定文化自信，推动社会主义文化繁荣兴盛。""没有高度的文化自信,没有文化的繁荣兴盛,就没有中华民族伟大复兴。要坚持中国特色社会主义文化发展道路,激发全民族文化创新创造能力,建设社会主义文化强国。"这是党中央赋予我们这一代哲学社会科学工作者的历史使命!承担起新时代这一历史使命,必须在新的实践基础上,用中国特色社会主义文化引领,推动文化的创新发展。必须深入挖掘传统文化资源,从中吸取历史智慧,引导云南各族人民树立正确的历史观、民族观、国家观、文化观,推动文化创造性转化。还必须为各族人民提供丰富的精神食粮,不断满足人民过上美好文化生活的新期待。

古人云:"虑不远不足以图大功,功不大不足以传永世"。云南省社科联为贯彻落实党的十九大精神,为传承、弘扬云南优秀传统文化,坚定各族干部群众文化自信,决定组织全省有关专家学者编辑出版"云南史话"系列丛书,分别为地方系列、民族系列、特色县市系列、民族文化艺术系列、重大历史事件系列五部分,每套丛书出版

20种，共计100种。这是一项规模宏大的系统工程，计划用五年时间完成。通过本套丛书，我们将深入挖掘云南文化宝贵资源，认真梳理云南文化发展脉络，总结云南文化发展的特点及其规律，以期为增强文化自觉，坚定文化自信，牢记习近平总书记对云南人民的嘱托，闯出一条跨越式发展的路子，为努力成为民族团结示范区、生态文明建设排头兵、面向南亚东南亚辐射中心，谱写好中国梦的云南新篇章而奋斗！

是为序。

云南省社科联党组书记、主席 张瑞才

2017年10月

目　　录

一、滇中沃野 /1
　　（一）自然环境 / 1
　　（二）地域人文环境 /8
二、文明的脚印/20
　　（一）人文渊薮 / 20
　　（二）历史变迁 / 43
三、"中国彝乡"风采/78
　　（一）文物古迹 / 78
　1. 遥想侏罗纪/78
　2. "东方人类"与有"缺环"的演化/82
　3. 东南亚铜鼓文化发源地/89
　4. 文明中国的彝族十月太阳历/95
　　（二）古镇与古驿道/99
　1. 鹿城古今/99
　2. 盐业重镇：黑井古镇与石羊古镇/112
　3. 千年名府——光禄古镇/122

4. 古道茫茫/127
(三) 民族风情/141
1. 原始歌舞的活化石/141
2. 毕摩经典大荟萃:《彝族毕摩经典译注》/144
3. 彝剧·滇剧/147
4. 洒落人间的彩霞——彝族服饰/154
5. 走出国门的"老虎笙"/159
6. 丰富多彩的民族节庆活动/163

四、历史人物/171

夷中君子高暈成/172

彝族英雄自久/174

彝族土司凤英/175

姚安知府李贽/177

官宦名儒陶珽/180

忠节公王锡衮/182

禅宗泰斗彻庸/184

著名诗人刘联声/185

土官名儒高奣映/188

"三绝士子"刘荣黼/190

哀牢夷雄杞彩顺/193

民国上将朱培德/195

梅花老人郭燮熙/197

艺苑名士赵鹤清/199

滇中耆硕由云龙/202
　　革命英烈赵祚传、张经辰/204
　　哀牢忠魂陈海、王金英/209
五、风景名胜/212
　　（一）天下山茶数紫溪/212
　　（二）西南第一山——武定狮子山/221
　　（三）清凉世界——永仁方山/226
　　（四）滇中佛教圣地——牟定化佛山/233
　　（五）禄丰五台山/241
　　（六）世界恐龙谷/247
　　（七）疯神捏就的世界——元谋土林/255
　　（八）金沙江龙街渡/259
　　（九）楚雄峨碌公园/262
　　（十）楚雄龙江公园/266
　　（十一）中国第一福塔/268
　　（十二）鹿城人的大客厅——桃源湖公园/270
　　（十三）"滇西黄金旅游线"上文化旅游地产项目——楚雄彝人古镇/272
　　（十四）楚雄州博物馆/274

后　记/278

一、滇中沃野

（一）自然环境

楚雄是一个神奇美丽的地方。这里是滇中高原的主体部位：地跨东经100°43′~102°30′，北纬24°13′~26°30′之间，属云贵高原西部，滇中高原主体部位。州境东靠昆明市，西接大理州，南连普洱市和玉溪市，北临四川省攀枝花市和凉山州，西北隔金沙江与丽江市相望。这里是云南省走出滇西，连接东南亚、南亚国际大通道的重要节点：昆瑞高速公路、320国道、108国道以及成昆铁路、广大铁路穿境而过，是省会昆明出入滇西大理、保山、德宏、临沧、怒江、丽江、迪庆7州市的必经之地和北上四川的重要通道，素有"省垣门户，迤西咽喉"之称。这里被人们称为"滇中翡翠"：州境山川秀丽，气候宜人，日照充足，适宜多种动植物生长，生物资源丰富多样。全州森林覆盖率达66.02%，有植物种类6000多种、野生动物种类680多种，1个国家公园、8个省级风景名胜区、17个自然保护区，有5个县市被评为省级园林城市，建成国家级生态乡镇4个、省级62个，国家级绿色学校2所、省级94所，绿色社区22个，环境教育基地11个。彝海公园、牟定化湖、双柏查姆湖、永仁永定河、元谋凤凰湖等系列城市精品风貌改造工程，为楚雄各县市增加一道道亮丽的风景线。

位于云南高原腹地的楚雄，看山，东倚乌蒙，南靠哀牢，北接百草岭；看水，南盘礼舍江，北走金沙江。人们基于这里处于滇西横断山地和滇池湖盆凹陷之间，山峦重叠，河溪纵横，谷地错落的实际，习惯用"三山鼎立，二水分流"来表述楚雄州的基本地理形势，这样的概括大体符合楚雄州的实际。但由于幅员辽阔，其具体情况要复杂得多。在鼎立的"三山"和分流的"二水"之间，层次复杂的山水形势，为现今的旅游和文化产业提供了丰赡的资源。

楚雄州境主要山脉中，东部乌蒙山、西南部哀牢山和西北部百草岭三大山系，孕育着丰富的

一、滇中沃野

地域民族文化资源,也是认识州境名山的钥匙。

发端于贵州的乌蒙山脉,以其磅礴的气势,从滇东北分成三列南北走向的山地伸入楚雄州境,盘亘于武定、禄丰和元谋的部分地区,山势呈北北东——南南西走向,为金沙江支流普渡河与龙川江分水岭。受勐果河等河流切割,形成几组箱状山地。山脉北高南低。河谷纵向坡降与山脊线下降方向相反,南高北低。山地海拔平均约2300米。岩石以中生代砂页岩、泥岩为主。在山麓地带,泥石流、滑坡和崩塌比较发育。山地由古生界石灰岩等组成,喀斯特地貌发育,矿产及动植物资源丰富。州境主要支脉有海雁山、过盖梁、卧璋山、尖山、黑虎山、白龙会、罗保山、三月三、大营盘、老营盘、万松山、风洞梁子、赖子山、马德坪后山、绿阴塘、阿则问、安节巫、松老山、关天山、马头山、狮子山等。其中狮子山是集风景名胜为一体的著名旅游胜地。最高点白龙会,海拔2956米,是由断层抬升而成的年轻山地。山体石岩出露广泛,岩溶地貌特殊突出,山势高耸险峻,山的上部多覆盖着坚硬的玄武岩层,但山的顶部没有明显尖削的山峰,在延绵的山脊上往往还有一些比较宽平的地段，甚至有洼地和小湖泊分布，自然景色雄伟壮丽。当年中国工农红军长征时，曾在这里与国民党重兵周旋，而后一举巧渡金沙江，挥师北上。毛泽东留下的"乌蒙磅礴走泥丸"、"金沙水拍云崖暖"诗句，正是对这里地势最生动形象的体验与概括。

乌蒙山延脉所至，覆盖了楚雄彝族自治州的东北区域，大体上便是古代的武定府域。磅礴乌蒙，与罗婺支系的彝族部落，构成了楚雄州东北部人文的和自然的两大奇观，蕴藏了震人心魄的崇高之美。

楚雄州境内的哀牢山属云岭余脉东支，北起大理州南部，以西北——东南走向，贯通楚雄州西南的南华、楚雄、双柏3县（市）境，成为州境横亘南部的重要屏障。哀牢山抵红河州南部，属云岭余脉东支南部，延绵数百千米，是云南东部和西部一条重要的地形与气候分界线。州境主要支脉有天子庙坡山、脑头山、达苴山、大风丫口、打雀山、大中山、烧香寺山、黄草岭、紫溪山、紫峨山、三尖山、黑牛山、大尖山、三家厂山、老熊山、大梁山、老黑山、白竹山等。其中

一、滇中沃野

大梁山是哀牢山在州境的最高峰,海拔 2946 米。哀牢山山体险峻、悬崖林立,森林密布,矿产和动植物资源十分丰富,建有国家级和省级自然保护区。这一道道山峦连接起来,就像是一道巨大的屏风,矗立在楚雄州的南部,既挡住了由北方南下的冷空气,使冷空气在越山后产生焚风效应而变暖变干,又挡住了南印度洋的暖湿气流,因而使得州内大部分地区气候暖而干爽,雨量偏少,干旱年份较多。故很多人把楚雄称为"滇中干旱区"。

位于州境内西北部的百草岭,是云岭余脉和川西大雪山余脉组成的又一山脉,纵贯永仁、大姚、姚安三县,绵延百里。永仁县境内的大雪山、大村梁子、茶尖山、方山、龙潭营,大姚县境内的小百草岭、踏地松梁子、顶栋山、二十四弯梁子、昙华山,姚安县境内的老官山、烧香嘴子、营盘山、张家山、三尖山等等,都是百草岭这一山系的支脉。受金沙江及其支流—泡江、多底河、万马河等切割,形成条状山地,相对高差 2400 余米,是切割较深的中山山地。百草岭主峰帽台山海拔 3657 米,为楚雄州最高点,呈高屋建瓴之势,俯视全境。百草岭山独特的地质环境,蕴藏着很多天然珍稀植物和珍稀花木。杜鹃花多达数十种,每年四、五月间次第开放,把百草岭簇拥成五彩缤纷的花岭,让人流连。

百草岭山系各类山型,群山险峻,更有人迹罕至之处。相传在这一区域内的铁锁箐,自古以来便是土匪出没之地。远处不说,在明清之季,便有诸多惊动了朝廷的匪案发生。朝廷在全国范围内选拔和派遣良将精兵,历经千山万水,到铁锁箐剿匪,虽然有斩获,但更多的时候却是损兵折将。明万历年间,大理籍文人李元阳所写《巡抚邹公应龙平铁锁寇记》一文,记述了铁锁箐山形地势,其险峻之状,令人生畏。

"南盘礼社,北走金沙",这概括了楚雄州水流分布的情况。全州的河流分属于金沙江、红河两大水系,中部山脉恰好就是两大水系的分水岭。这样的河流分布,恰如其气候分别受印度洋和太平洋气流影响一样,不同纬度、不同气候带的状况,使得这一处于亚热带和北温带之间的地域,更有情趣盎然之处。

春秋时古书《考工记》说:"凡天下之地势,

一、滇中沃野

两山之间,必有川焉;大川之上,必有涂焉"。楚雄州境内的金沙江、红河两大水系的分水岭西由祥云进入州境,经南华县的五街、徐营、雨露,向东南延至楚雄市的子午,转东北经苍岭进入禄丰县的高峰,延伸至武定县的猫街、九厂,再折向南经禄丰县的仁兴、碧城、勤丰、腰站、川街出州境进入易门县。整个分水岭在州境中部偏南地带,基本呈向南突出的弧形。各河流的海拔1800米以下地区,常呈亚热带河谷地貌。

金沙江由大理州宾川县的力湾坪流入楚雄州境,沿大姚北界、永仁西北界入四川省攀枝花市后调头南流,又沿永仁县东界流入元谋县,再折东穿元谋县北境,经武定北部边界至己衣乡志力村出境。在州境段长约137公里,涉及双柏县以外的8县1市,流域面积17043.5平方公里,占全州总面积的60.1%。主要支流有一泡江、多底河、湾碧河、万马河、龙川江、勐果河、黑鲁拉河等。红河水系在州境南部,涉及双柏全县和南华、楚雄、禄丰3县(市)的大部分地区,流域面积11322.5平方千米,占全州总面积的39.9%。主要河流有礼舍江、马龙河、绿汁江及兔街河。

元江发源于楚雄哀牢山东麓，上源称礼舍江，东南流，与左岸支流绿汁江汇合后称元江，流经河口瑶族自治县进入越南后称红河。绿汁江上游称星宿江，流入双柏县界后分别称绿汁江、丁癸江或太和江。其上源南支发源于禄丰县勤丰镇洋溪冲，北支发源于禄丰与武定县交界的营盘山，两支在坝子会合后，折南大路溪、金山、罗川、彩云等乡镇入双柏县与易门、峨山、新平交界的大庄、法脿、安龙堡、大麦地、雨龙、爱尼山6乡镇边界，在三江口与礼舍江汇合称为元江。其间，在小绿汁至木厂、三元村口至本当母村两段流经易门县境。干流在州境段全长313千米，州境流域面积3980平方千米，多年最大流量2280立方米/秒、最小流量1.0立方米/秒，河床落差1384米，平均坡降4.77‰。主要支流在禄丰县境有西河、响水河、一平浪河、高地河、南河、积食河、川街河，双柏县境有沙甸河、克田河等，为树枝状水系。

（二）地域人文环境

"疆域因时殊广狭，古今大利出山川"（清代大姚刘荣黼诗句）。千里彝山，胜景天成。千百年

一、滇中沃野

来,楚雄彝州各族人民生活在这"三山二水"之间,"靠山吃山,靠水吃水",发展了独具特色的山地经济和山地文化。大自然与人文结合,孕育出这块土地上多姿多彩的山地自然与人文景观。在这里,有古老的历史遗迹、浓郁的民族风情,优美的自然风光、多样的自然生态,素有"世界恐龙之乡"、"东方人类故乡"、"中国彝族文化大观园"的美誉。在这块神奇的土地上,1.8亿年前的禄丰恐龙,让世界古生物历史,留下了一段亘古之谜;从800万年前的腊玛古猿到170万年前的元谋人,东方人类在这里完成了从猿到人的进化;万家坝出土的迄今为止世界上最早的铜鼓,见证了2500年前楚雄地区所创造的以铜鼓为特征的青铜文化。这些具有唯一性、独占性的世界顶级资源的发现,使得楚雄成为名副其实的"古生物宝库"和"人类历史博物馆"。彝族先民们发明和使用的十月太阳历,是人类较早和精确的历法之一;彝族长篇叙事史诗《查姆》和《梅葛》,是中华民族文化宝库中的瑰宝;"火把节"、"赛装节"、"插花节"等50多个民族节日和歌舞盛会,使楚雄成为歌的世界、舞的海洋。博大精深的彝文文化、形式多样的建筑文化、绚丽多彩的服饰文化、回味无穷的饮食文化、充满激情的音乐舞蹈文化，造就了楚雄成为"中国彝族文化大观园"。

就楚雄而言，凡江河流域，都成为当地经济、社会发展最快的地方，江河给予人们的总是和文明、发达、起步紧紧地联系在一起。金沙江水系和红河上游（元江）水系，完全串连起了"一彝三古"楚雄地域文化的特征。千百年来，沿河两岸彝、汉、苗、傈僳、回等民族生息、繁衍，在延续自身民族文化的同时，接纳和吸收了中原文化和各种先进文化，创造了独具特色的地域文化，楚雄成了"民族文化的大观园"。

金沙江、绿汁江水系不仅是一个自然生态博物馆，也是一条丰富的民族文化长廊。

就在金沙江主干支流龙川江河畔及龙川江支流青龙河畔不远处，考古工作者在万家坝发掘出了世界最古老的铜鼓，成为研究南方民族文化和东南亚文化的重要实物。整个楚雄坝子，龙川江由西北进入，经中部缓缓向东流出。因地处昆明、大理之间，自古为兵家必争之地，自唐代南诏国

一、滇中沃野

以后逐渐发展成为中心城市，新中国成立以后成为自治州首府，全州政治、经济、文化中心。

沿龙川江而下，在龙川江流域、星宿江畔的禄丰县，考古学家发现了巨大的"恐龙公墓"，证实在1.8亿年前，这里是恐龙生活的乐土，而至今800万年前这里又是腊玛古猿的世界。当龙川江河流从南向北，流过黑井，这里至少在汉代就发现了盐卤，此后一路走来，黑盐井，居"滇南九井"第一井的霸主地位，千年盐都造就了云南盐业史上的传奇。当龙川江河流过元谋老城上那蚌村附近，1965年5月，考古工作者在这里发现了距今170万年的人类化石，这是继我国发现的北京猿人和蓝田人之后的又一重大考古发现，对进一步研究古人类和西南地区第四纪地质具有重要的科学价值。"元谋人"作为人类的开篇被载入中国历史教科书，元谋成为东方人类发祥地。

姚安坝子一马平川，蜻蛉河缓缓流淌，展现出一幅"群山环抱蛉河水，盆地碧绿万顷田"的景象。而这里历史人文最为厚重，西汉即有弄栋县之设，唐时更有姚州都督府及南中统部之治，史称"六诏之中分，三川之门户、南中之锁钥"，历代王朝于此设府、路、州、县，有"迤西文献名邦"之誉。这里被人们称为"梅葛之乡""花灯之乡"。梅葛，是彝族民间歌舞和民间口头文学的总称，其内容包罗万象，几乎反映了彝族人民历史文化、生产生活的全貌，被视为彝家的"根谱"、彝族的"百科全书"、长篇叙事史诗，它本是一种曲调的名称，史诗用梅葛调演唱，因以得名，列中国第二批国家级非物质文化遗产目录。

在礼社江和绿汁江流过的地方，人们发现了反映史前社会的史诗《查姆》。这部史诗对于探讨彝族远古的社会、经济、风俗等有着重要的参考价值。史诗中关于天体演化和早期人类演化的神话，反映了彝族先民朴素的唯物观念和辩证思想；展现了彝族先民开天辟地、创世立业、劳动斗争的广阔图景，艺术地赞颂了人类的劳动。史诗生动记叙了彝族历史发展的进程，生动地记录了人类由低级向高级、从野蛮到文明的史路历程。1979年云南省楚雄彝族自治州药检所在双柏县发掘出的一本古彝文医书——《齐苏书》又称《双柏彝文医书》。此书著于明嘉靖四十五年（公元1560年）载有56种病症，87个处方，274味药，

一、滇中沃野

其中植物药 160 味、动物药 94 味、矿物药 12 味、其它药 8 味。病症涉及内科 28 种、外科 38 种、妇科 5 种、儿科 4 种、五官科、皮肤科 5 种。《齐苏书》是对 16 世纪以前彝族人民医药经验的总结，是迄今发现的彝族最早、内容丰富的医药专门书籍。此书不仅具有医药实用价值，还具有历史、哲学、语言等方面的研究价值。国内有研究彝族医药的学者把《齐苏书》的发现称之为"彝族医药史研究中的一次重要发现"。

在湾碧河、万马河流域，永仁县直苴地区及附近中和，大姚县三台乡、桂花等地的彝族人民，都要聚集在一起欢度赛装节。其服饰构图繁简虚实，形象的夸张变形，色调上的对比反差，令人叹为观止，人们称之为"写在身上的历史，穿在身上的艺术"。赛装场上，色彩纷呈，满眼都是花花绿绿的鲜艳服饰，令你目不暇接。2016 年，云南省委、省政府站在建设民族文化强省的高度，敏锐地捕捉到永仁直苴彝族赛装节这一古老民族传统节庆所蕴藏的巨大文化价值，高度重视这一原生态文化习俗在全国的首创性、独特性和强大生命力，把它确定为云南省重点旅游文化节庆品牌，并明确要求将民族赛装文化节作为全省旅游文化产业转型升级的重要引爆点和推进器精心打造，把民族文化资源优势转化为经济优势，促进云南旅游强省和民族文化强省建设。省委、省政府捕捉到这一文化价值，让赛装节成为云南省对外宣传最重要的一扇窗口，这是省委、省政府的真知灼见、为民决策，也是优秀传统民族文化积累到今天焕发出的时代风采。

民族文化大观园、古生物、古人类、古文化是楚雄文化的"金字招牌"。这招牌自然离不开河流孕育的文明，离不开河流的恩泽。更不用说，沿河两岸日出而作、日落而息的广大子民，河流给予他们的又岂是简单的文字所能描述的呢？

江河哺育了流域文明，古往今来，人们对江河歌之、咏之，表达对江河的热爱、抒发心中的激情。翻阅《楚雄州旧方志全书》《楚雄历代诗文选》有关江河的诗歌众多，摘录以下几首，以飨读者。

王镐，牟定县人，清康熙丙戌（1706年）优贡，选禄劝儒学训导，升宣威州学正，保举福建头化府莆田县知县。作有《威楚吟》：

一、滇中沃野

威楚东山鸟臆白，威楚西山凤眼碧。
览辉欲下羽翩翩，返哺恍闻声哑哑。
卓哉雁塔出尘埃，天马环龙亘南北。
俯瞰迷离烟树中，阛阓城楼纷罗列。
况复大川流潺湲，长虹飞跨障沙碛。
挹注千畦与万畦，赴江入海功讵测。
老夫耄矣赋归来，扶杖登临适所适。
波光不竞云影迟，浩浩乾坤无终极。

李京，字景山，河间人。元大德五年（1301年）奉命宣慰乌蛮，升任乌撒乌蒙道宣慰副使。时因镇守之臣邀功生事，激起民愤，云南值多事之秋，李京数度参与筹办军储，足迹遍及云南各地。编著有《云南志略》四卷、《鸠巢漫稿》诸书。《过金沙江》录自明人谢肇淛《滇略·文略》，为作者自昆明至越嶲（今四川省凉山州一带）途径武定、元谋过金沙江时所作。

过金沙江

雨中夜过金沙江，五月渡泸即此地。
两岸峻极若登天，下视此江如井里。

三月头，九月尾，烟瘴拍天如雾起。
我行适当六月末，王事役人安敢避？
来从滇池至越巂，畏途一千三百里。
干戈浩荡豺虎穴，昼不遑宁夜无寐。
忆昔先帝南征月，箪食壶浆竟臣妾。
抚之以宽来以德，五十余年为乐国。
一朝贼臣肆胸臆，生事邀功作边隙。
可怜三十七部民，鱼肉岂能分玉石？
君不见，南诏安危在一人，
莫道今无赛典赤。

明状元杨慎《宿金沙江》：

往年曾向嘉陵宿，驿楼东畔阑干曲。
江声彻夜搅离愁，月色中天照幽独。
岂意飘零瘴海头，嘉陵回首转悠悠。
江声月色那堪说，断肠金沙万里楼。

金沙江

乾坤无外脉斯长，凝结精神注远方。
气吐云霞真造化，波翻日月大文章。

一、滇中沃野

漫疑锦羽翔生艳，自是金沙动有光。
春晓烟寒千里客，秋深露冷九回肠。
旋闻玉树摇空翠，又见黄河下彼苍。
砺石清奇凭取玩，蜗名扰攘顿相忘。
浮沤有致随流起，傲吏闲情作赋狂。
四海倾心归有道，太平天子坐垂裳。

近代张延用，姚安光禄人，清光绪甲午科副榜，与赵鹤清、鲁梅青、杨兰圃并称为"光禄四君子"。其诗《蜻蛉河》：

栋川一望平如坻，南北阡陌相逦迤。
中有一河曰蜻蛉，蜿蜒直贯数百里。
两畔平畴万千顷，灌溉俱仰河中水。
奈因年久失疏凿，河心高过田心里。
每岁七八月之交，大雨淋漓大水起。
滚滚洪涛泛滥来，沙走泥奔堤断圮。
弯曲沟洫被淤塞，亩亩倏忽变沮洳。
三江口下遍无涯，五孔桥边深无底。
河内河东罹此凶，良苗怀新尽淹死。
嗟我农夫实可怜，兵役租赋将谁抵。
姚阳缺水受水害，殃及邻国犹未已。
谁欤出挽天河手，早使狂澜得所止。

清代彭学曾,江苏人,康熙三十四年应元谋知县莫舜鼐之邀,与昆明人熊载一起修《元谋县志》,有《西溪河》一首,西溪河即龙川河。

森森澄波接远天,万重山色万重烟。

滩头流出白花浪,渡口飞残杨柳绵。

两岸芳荪春日暖,四山古木晚霞连。

潆洄如带浮云外,遥接金沙江上田。

清代杨谊远,昆明人,清康熙间诸生,著有《鹿城杂诗》,又有《孤云居稿》一帙。有《马龙河新桥》一首:

闻说盘江天堑雄,千寻铁锁跨长空。

今来绝壁看虹驾,始信黔山有路通。

故国已悬青嶂外,严关犹隔暮云中。

萧萧景物萦怀抱,潦倒天涯任转蓬。

清代释超仁,四川人,嗣天童,旧志称其"苦行自持",清初居元谋香山寺以终。其诗《本溪河观梅》如下:

先春赋性识阳和,领袖群芳志不磨。

铁骨冰心谁是伴?可同钓叟老烟波。

黄枢,康熙禄丰县令。广东人,庚午(1706)年进士,有《星桥远眺》诗一首:

一、滇中沃野

星桥西郭驾长虹,万象登临霁色中。
水底有天流化日,山间飞瀑响清风。
深林茅屋烟初散,古寺鸣钟韵暗通。
忽听隔溪田父语,桑麻从此喜芃芃。

二、文明的脚印

(一) 人文渊薮

同很多地方一样,楚雄的历史首先与地名有关。1962 年,郭沫若先生途经楚雄,利用在此小住的闲暇,遍翻了当地的一些重要史料后,挥毫写就《宿楚雄》一诗,开篇便曰:"庄蹻开滇肇锡名。"

庄蹻通滇的确是云南历史上一个空前重大事件。对此,《史记·西南夷列传》云:

楚威王时,使将军庄蹻将兵循江上,略巴、黔中以西。庄蹻者,故楚庄王苗裔也。乔至滇池,方三百里,旁平地,肥沃数里,以兵威定属楚。欲归报,会秦击夺楚巴、黔中郡,因还,以其众王滇,变服,从其俗,以长之……

庄蹻通滇的时间大约在公元前 282-前 280 年,距今已有两千多年。当年,楚国的军队,浩

二、文明的脚印

浩荡荡地进入云南，进入滇中地区，并在滇池附近建立了著名的"滇国"之后，云南的历史上出了一次空前的民族大融合、文化大交流，其结果是推进了生产力的发展和社会的进步。而"楚雄"一名的由来，也与这一重大的历史事件有关，或者说"楚雄"这一地名的产生，就是由这一重大历史事件促成的。从这个意义上说，"楚雄"本身就是两千多年以前，由楚国和云南两大区域之间文化交流和民族融合催生的。

后人考证"楚雄"之名的由来，说法很多，但择其大端，莫不与庄蹻通滇这一重大的历史事件有关。《史记》中关于"以兵威定属楚"之言，意味深长。宣统《楚雄县志·楚雄名义考》云："楚雄之名，始自战国庄蹻开滇略地至此，曰楚。南诏时设威楚县……即改为楚雄县。考之舆图，'威楚'相沿之久……殆取楚地雄威远播之义欤！"

明代才置"楚雄县"，才有"楚雄"这一地名，但楚风远播、楚名远扬的历史，已经很久远了。正如旧方志所言："威楚相沿之久"。

也许，"楚雄"这一地名从当代"诠释学"

的角度来看,已经不仅仅是一种简单的物象,而是一种符号,一种象征,其表层的意义和深刻的内涵已经水乳交融为一个整体。恰如宣统《楚雄县志》所言,楚雄既是"庄蹻王滇"以后的"楚地",又因地理位置的优越而"雄威远播"。由此看来,倒像司马迁"以兵威定属楚"专为楚雄说道似的。当然,古滇国的中心并不在楚雄,楚雄仅仅是"以兵威定属楚"的一个重要区域。不过,问题在于,为什么在庄蹻开创的古滇国之中,唯有这一方土地以"楚雄"名之呢?

  这的确是一个有趣的话题。地处滇池与洱海之间的楚雄,得以承传楚风,得以尽得"兵威定属楚"之余韵,这难道是一种巧合吗?抑或是一段历史的佳话?

  关于楚雄之名的由来,还有一种说法,就是关于"楚叔熊逃于此"的记载和传说。"叔熊"是人名,是当年楚国的一个贵族之后。不知是因为政治斗争,还是这位公子哥确实犯了罪,叔熊恓恓惶惶来到了楚雄。叔熊是楚国人,名字中又有一个"雄"字,故而后人视此为楚雄之名的由来。清嘉庆《楚雄县志》云:楚雄"郡为《禹

二、文明的脚印

贡》梁州外地，在周为百濮也。春秋时，楚叔熊逃难于濮，即此"。按照司马迁《史记》之《楚世家》记载：叔熊又名叔堪，春秋后期楚国的中书令，后因兄弟同室操戈，便逃难于"百濮之地"。那么广泛的百濮之地，偏偏与楚雄有关，又是一段佳话。倘若这种说法能够成立的话，因为"楚叔熊"要早于"庄蹻通滇"，所以这段历史又当提前了。

当然，不管怎样，不论叔熊，还是庄蹻，楚雄之名都与"楚"有关，只不过郭沫若"庄蹻开滇肇锡名，楚威远震古边城"的"楚"字，就不专属庄蹻一人了。起码，他的乡党和前辈叔熊要算上一个。也许，由于庄蹻的名气太大了，人们把种种关于楚国与云南的事迹都归到他的身上。实际上，云南与内地特别是与楚国与巴蜀交流的历史早已有之。

楚雄的历史以"楚雄"这一地名的得来有关。自从两千五百年前的庄蹻通滇以后，楚雄的历史便可圈可点，而且，这只是一部"以兵威定属楚"的历史。看来，人们有意识地从那一次重大历史事件开始，把楚雄的历史圈定在一种开化和文明进程的环节上,不是没有来由的。但这并不是楚雄历史的全部,充其量只是其一条明显的线索而已。

楚雄彝族自治州是现在展示在我们面前的一个行政区域,是一个历史发展与变迁的既定格局。我们讲楚雄历史,讲楚雄历史上曾经出现过的重要人物和重大事件,进而讲境内历史悠久和光辉灿烂的地方文化与民族文化,从时间上说,值得溯源的历史比庄蹻开滇更为久远,而从空间来说,历史上关于"楚雄"的种种称谓、种种诠释,都只能勾勒出其中的那么一点线索而已。现今的行政区域是一种现代意义上的客观存在,"楚雄州"的范围,在不同的历史时期是不能等而论之的。即使按照司马迁《史记》的权威认定:"以兵威定属楚",那时的"楚雄",也就是古滇国或者滇中地区的一个小小的点,大体说来,也就是今楚雄市一带的范围。不能代表整个楚雄州。

楚雄州包括新中国成立后的武定和楚雄两个专区,而上溯到明清时期则包括了姚安、武定和楚雄三个府治,而所有这些都不是历史上关于"楚雄"这一专用的地名所能包括的。至于明清

二、文明的脚印

以前,"楚雄"的历史沿革和发展变化的情况更为复杂,但有趣的是,不论区域如何广泛,不论这一从金沙江南岸到哀牢山边缘的广泛区域如何发展变迁,"楚雄"的含义,以及由这一积淀了深厚历史文化内涵的地名所象征的意旨,都不但准确无误,而且愈来愈丰赡了。

两千多年的历史表明,一个地名的由来,特别是"楚雄"这一地名的得来,不但与庄蹻通滇这一重大的历史事件联系在一起,成为一个更为广泛的区域——滇中,和一个影响深远的历史——古滇国建立的缩影和注释。自此以后,楚文化的元素融入了滇中地区,从根本上改变了这一广泛区域的民族结构,改善了其生产力要素。内地先进文化和先进生产技术的输入,有力地推动了云南的经济发展和社会进步,这是不言而喻的。方国瑜先生认为:"推测庄蹻率领的楚兵有二万之众,且为远征而来,所领当都是男子,留居滇池,就与当地居民混血,这就要'变服,从其俗',对滇池地区社会、经济、文化的发展起了很大作用。"

作为地名的"楚雄",其掷地有声的威名,

其包蕴丰厚的历史文化底蕴，其为后世所带来的辉煌和荣耀，其为当代发展所可注入的勃勃生机，实在太多太多了。当然，历史上作为一方地名的"楚雄"与现今"楚雄彝族自治州"这一特定的行政区划有着天然的联系，但并不完全是一回事。并且，在一定的历史范围内，相对而言，较之武定，特别是两姚，"楚雄"在一些方面还略逊一筹。所以，从空间上说"楚雄州"的范围，是历史上的"楚雄"所不能比拟的，而从时间上看，楚雄的历史并不肇自庄蹻开滇，而是更为久远。

从金沙江南岸到哀牢山腹地，在这一方广袤的土地上，曾以最早的"人类"遗址闻名于世，那就是170万年前的"元谋人"。元谋人遗址的发现，展示了"古人类"生存的情景，为人类的演化提供了具体而明晰的佐证。元谋地处金沙江南岸，属于山岭与河谷、缓坡与热坝交织的地形，气候干燥炎热，历来民风彪悍。明清之际，曾有土酋吾必奎揭竿而起，并一度威胁省会昆明。元谋明代及清初属武定府所辖，上溯至唐初，曾一度以兵家必争之地显称，设过縻州都督府。也许，元谋属于一个特例，不仅在楚雄彝族自治州建立

二、文明的脚印

之前,与"威楚"没有多少联系,而且可以写进中国和世界历史开篇的元谋人遗址,从年代而言,是春秋战国所不可望其项背的。

除"元谋人"以外,楚雄州境内相继发现的禄丰恐龙和腊玛古猿化石,在古生物及地质学界,日愈引起关注。地球上生物发展的一些重要环节,似乎在楚雄州已经展示得清晰可见了。禄丰恐龙化石经科学测定,属于三叠纪和侏罗纪时期的产物,而境内所发挥的腊玛古猿化石,则距今距700万-1400万年;从腊玛古猿到"元谋人"之间,是否有着必然的联系呢?这实在是一个值得世世代代人们遐想和探测的课题。而研究楚雄州的历史文化和民族文化,展示其悠久的历史,这些重要的线索,不得不引起足够的重视。

按照传统的观念,从"五帝"之首中华民族人义始祖轩辕氏黄帝开始的历史,距今称五千年。在这里,所谓中华民族五千年辉煌是没有问题的,并且,包括楚雄在内的云南境内特别是滇中地区各民族参与了这样一个划时代的历史事件。所以,在近百种之多的楚雄境内的地方史志资料中,称唐虞时期为"昧谷近地",并且还沿用了《尚书》

之《禹贡》中所指的夏朝时楚雄属"梁洲之域"的说法。中国上古史料称天下为"九州",梁州是九州之一,楚雄属于所辖,这似乎已经不是传说,也不是史前的种种考古发掘,而是一种真正的历史人文了。至于那时楚雄境内的真实情况,特别是民族分布和文明景象,亦不乏种种发现足以证明。

按照现有的历史资料记载,真正有证可稽的楚雄历史上的重大事件和重要人文,也就可以追溯到上述的"庄蹻开滇"的战国中晚期。但是,如果说楚雄历史上的重大事件可以追溯得更为久远的话,那么,元谋大墩子以及更早的永仁菜园子文化遗址的发掘的确是一件值得关注的事情。

从楚雄州境内发现的新石器遗址可以证明,远在商代以前,这里的各部落都已经创造了十分先进的文化,祖国边疆地区少数民族文明的步伐,一点也不比其他地区逊色多少。通过大量的考古发现,可以想象,就是在这一方土地上,先民们是如何生存和繁衍,又是怎样积极参与到中原地区的群雄逐鹿中去?这一艰难的过程,又该是怎样的惊心动魄?

二、文明的脚印

据最权威的考古发现和研究成果，距今约4000年前，楚雄境内特别是金沙江南岸广泛地区的先民们，多数已经进入到新石器时期。按照最新的考古发掘，在楚雄境内各县，几乎都有新石器时代文化遗址的发现，并以元谋大墩子和永仁菜园子为代表。想必，这便是西南地区古老的少数民族濮、髳等的先祖。直到商周之际，他们北下中原，参与讨伐暴纣的会盟，便是新石器时代以来不断发展而社会化程度迅速提高的表现吧！

元谋大墩子新石器时代文化遗址位于元谋盆地莲花村东南河岸的一块高地，发掘面积有500多平方米。根据地层堆积和出土文物分析，这一处遗址的结构十分复杂，内容也极为丰富，大体说来，共有两段文化层面，代表了其时间上的早晚两期，其时间差异大约一百年左右。根据中国科学院碳十四技术测定，元谋大墩子文化遗址距今约为3210±90年。其时正属于商朝的晚期，与濮髳北会的时间大体相等。

严格说来，同样作为新石器时代文化遗址，同样作为在商周之际"北会中原"的濮、髳等民族的先祖，永仁菜园子文化遗址稍早于元谋大墩子,时间约为距今3400±500年。并且,这一遗址共有3个文化层面,出土物有炭屑、果仁、骨器、石器、陶器、陶纺轮等。经探明,永仁菜园子距地表一两米处有半地穴式圆形住房,并有明显的用火痕迹。而用火痕迹最明显的,便是大量的炭化物。这一发现,似乎元谋大墩子表现得更为充分。这说明,元谋盆地的农耕优势,自古而然。

《山海经》之《海内经》记云:"西南黑水之间,有都广炎野……爰有膏菽膏稻,膏黍膏稷。百谷自生,冬夏播琴……"黑水就是金沙江,而金沙江流域的"百谷自生"之优越的自然条件和地理环境,正是几千年以前楚雄州境内的"百濮"与"髳"生活的土壤。按照马克思主义的观点,民族是一定历史时期的产物,并且永远处于一个不断发展和衍化的过程中。在"濮""髳"之前,或在"濮""髳"以后,在这一片广袤的土地上,民族分布的状况明晰可见。

根据有关史料和学术界的研究成果,云南境内新石器文化分别属于氐羌、百濮和百越三大部族所有。而在几千年的发展历程中,由于各民族频繁的迁徙和不断的融合,很难判定诸如永仁菜

二、文明的脚印

园子和元谋大墩子等文化遗址究竟分属于哪个民族,但是,综合多种要素,以及后来的发展情况,基本的目标还是可以锁定并加以确认的。元谋大墩子和永仁菜园子新石器文化遗址,对于楚雄历史乃至整个云南甚至西南地区历史的重要性,以及对于彝族历史的重要性,就在于其是古氐羌以及后来向南和西迁徙出去的百越民族所创造。

不但如此,这一系列新石器遗址所留存的稻作文化的痕迹,如此引人注目,的确是我国农耕史上的一大奇迹。3000多年以前,南方的百越民族,以及堪称彝族先民的古氐羌民族,就在这里人工栽种稻谷,这样的属于农业文明的成就,无疑为后来备受称颂的古滇国稻作文化打下了基础。

按照后来民族学家的推定,那个时候的楚雄,起码有濮、羌、卢、髳的族群世居境内,并且创造了令人惊叹的文明。这些古老的部族与永仁菜园子、元谋大墩子新石器文化遗址的血亲关系,似乎已经不容置疑了。而他们从这块土地上走了出去,历尽千山万水,共同为推翻暴戾的商纣,"为民请命",扶持周朝新君而作为一场正义战争的主决者之一,永远地被载入了史册。

郭沫若后来在诸多著述中,特别是在1977年出版的《郭沫若诗词》中为《宿楚雄》诗作注时说:公元前1122年周灭殷时,同盟军中有濮人、髳人,原住楚雄一带。由此而言,3000多年前中国历史上的一个重大历史事件"孟津会盟",也就是楚雄历史上可能是最早的一件大事"濮髳北会"。

也许,沿着以元谋大墩子和永仁菜园子为代表的新石器文化遗址遨游一番,"濮髳北会"的背景也就一目了然了。楚雄当时属于濮髳等古老民族所居,但在那个时代,濮髳之地远不止于楚雄。"濮"似乎与古代的"濮水"有关,大体上指的是"元江",以及上游的礼舍江。濮水流经弥渡、祥云、南华、楚雄、双柏、禄丰,蜿蜒向东南而去。人因地而名,族也因地而名,所以在那个时候,这一广泛的区域皆由"濮人"所居,当是顺理成章的。所以,当康熙《楚雄府志》说到"周为百濮地"之时,一种由诸多新石器时代文化遗址所证实了的历史沿革脉络,就清晰可见了。

至于"髳",顾祖禹《读史方舆纪要》第一

二、文明的脚印

卷之一百一十三条云："髳人，今在北胜。"据此，在金沙江南岸的广泛地区，在与永仁菜园子文化遗址更为接近的区域，这一古老的民族世世代代在这里生存和繁衍，当是确定无疑的。而之所以称"髳"，是因为他们的形象，尤其是形象特征之一的发式。

在今姚安县城北面大约5公里的地方，在"龙岗"这个太普遍但看起来确实有点分量的地方，有一座古墓，墓主便是庄蹻手下的骁将小卜将军。按照司马迁《史记·西南夷列传》等史料记载，特别是清代著名地理学家顾祖禹《读史方舆纪要》所载："庄蹻至滇池，以兵威其地，遂使部将小卜引兵收滇西诸蛮。"可以看到，在两千三百多年前后的楚雄，曾发生了一场场惨烈的战斗。一场征服者与当地各路土著之间惨烈的战争，至今仍令人惊心动魄。

这场战争从表面上看来，是入主的楚国军队与当地的土著部落之间的战争，是一场征服与被征服之间的关系。那个时候史家所认为的"春秋无义战"的情形，就这样在楚雄境内演出了极为惨烈的一幕。入主楚雄的庄蹻军队应当就是这场战争的发起者，而小卜将军则是庄蹻手下的一员骁将，其所到之处，真有一种"挡我者死，顺我者生"的气势。在那个时代，在楚雄境内崇山峻岭间生活的实际上以濮、髳为主的各部族，其战斗力之强，是完全可以想象的。要不然，在距庄蹻之前近千年的"北会"，也就无从谈起了。可是入主的楚军实在太强大了，所以，这一方土地，只能以被征服而告终。

不幸的是，楚军的主将，也是"战殁于此"。

据姚安龙岗小卜将军墓以及相关史料的记述，小卜将军战死之地，就在姚安。从此以后，楚雄境内开始了一个新的时代，那就是各个部族，各路土酋，尽皆臣属于庄蹻所建立的"滇国"。当然，从当时楚雄的形势上看，今楚雄市和双柏、南华等县的边远部分，有可能与古滇国并存的哀牢国有关系。但是，后来的"楚雄"之名，以及残存至今曾在20世纪末为很多学者所关注的"巫风楚俗"，皆足以证明，楚雄在那个时候，在小卜将军奉命征服了这一片土地并将生命之躯化入其中的时候，这里便是古滇国的一方区域了。

继秦以后，汉初开始在楚雄各地设郡置县，

二、文明的脚印

这虽然也是云南境内一件了不起的大事,值得大书一笔。但似乎从民间看来,也没有什么特异之处,倒是就在这一片土地上,突然从天而降的金马碧鸡的景象,增添了让人们惊奇的一幕。

到了汉武帝时代,就在大姚县境内,盛传着一个异事:某年某月某日,在县城东十里的禺同山,在翠黛色的山峦与蓝天白云之间,一轮红日冉冉升起。突然,奇迹出现了,只见数匹骏马,通体金色,纵横驰骋;一群雉鸡,碧绿透底,色彩斑斓,飘然而出,引吭高歌。一时,灵气溢满天地之间;山川河谷,金碧辉煌。大自然的奇异景象,不但令当地百姓欢呼雀跃,而且很快由蜻蛉县丞层层上报,很快,汉武帝刘彻便知道了这件异事。

本来,"金马碧鸡"仅仅是一种自然景象,既不是"历史",也不是"事件",充其量也就是科学家们解释自然之秘的一个对象而已。其成为一件重要的事情,或者说,作为一件重大的历史事件,还是因为,卷入到这一件事中的人,从汉武帝刘彻和时任谏议大夫的汉初文学家王褒,到中国历史上著名的典籍文献《汉书》《后汉书》《华阳国志》《水经注》等。不但如此,后来一些佛教高僧和一些关于滇中佛学的著述,很多都把这一奇异天象与佛光普照等佛家的圣迹联系起来,而"金马碧鸡"从此作为云南境内一种奇异的人文景观,渗透到人们精神生活和城市建设的方方面面,则更是令人惊奇。如今,大姚县城也因此而得名,称"金碧镇"。

当年古蜻蛉县出现了"金马碧鸡"之后不久,崇尚天人合一,笃信方家羽士的刘彻,就认为彩云之南有神鸡频现,毛羽青翠艳丽,能破石凌空,光彩夺目,引吭高歌,其声悠长,是为吉兆。当时云南特别是古蜻蛉县,就成为这位雄才大略皇帝的一个向往之地。可惜,天不祐人,不久,刘彻就带着对"金马碧鸡"的向往之情辞世了。汉宣帝承大统,封蜀人王褒为谏议大夫,命他前往云南求取"金精神马"和"缥碧之鸡"。王褒从咸阳出发,翻越秦岭,进入他的故乡四川,历经千山万水,可惜,他没有渡过金沙江,就功亏一篑,溘然长逝了。临终前,王褒所撰《移金马碧文》不但成为千古绝唱,而且为各种典籍文献所载,使这一奇异的天象和人文,作为传统文

二、文明的脚印

化的一种元素，渗入历史与现实的方方面面。王褒《移金马碧鸡文》云："持节使王褒谨拜南崖：敬移金精神马，缥碧之鸡，处南之荒，深溪回谷，非土之乡。归来归来，汉德无疆！广乎唐虞，汉配之皇。黄龙见兮白虎仁。归来归来，可以为伦；归兮翔兮，何事南荒也？"

金马碧鸡出现以后，可谓天呈吉象，万众欢呼，而笃信天命和天意的大汉天子，也被震惊了。这样一件大事，可谓惊天动地。从秦至汉，中国大一统的格局已定。云南的大部地区，在秦汉时期的郡县制度下，也皆在中央政权的版图之中。晋常璩《华阳国志》载："晋宁郡，本益州也。……汉武帝元封二年，叟反，遣将军郭讨平之，因开为郡，治滇池上，号曰益州，汉属县二十四。"这便是当时蜻蛉县的治所情形。这里尤其值得注意的是《华阳国志》中称益州郡的居民为"叟"。按照当代很多学者的共同认定，汉代所称的"叟"，便是那个时期彝族先民的统称。由此说来，金马碧鸡的天象发生地为蜻蛉县，而当地的居民之一便是"叟"。

彩云之南之彩云频现的自然景观屡屡有之，

· 37 ·

"金马碧鸡"当亦属于一次彩云南现的天象,之所以载入史册,也只是适逢其人和其时而已。当然,昆明不但处于"滇池之上",属于古代益州郡的中心,而且自元代开始,作为云南的省会城市,在城市建设中沿袭古人所本的文化渊源,让金马碧鸡的精气神自然而然地注入春城文化的传承中,是一件顺理成章的事。昆明古代肯定有许多与彩云有关的神奇天象,"金马碧鸡"的那一次,属于益州郡不假,但具体地点只能是距滇池数百里之遥的蜻蛉县,这也是溯源楚雄历史文化时必须道说清楚的一件事。对此,最有说服力的还是《汉书》,这部权威的史书在其从《地理志·越巂郡》之"蜻蛉县"条下注云:

愚同山有金马碧鸡。

与此可以互参的是《后汉书·郡国》:"越巂郡,蜻蛉境禺同山,俗谓有金马碧鸡。"这就再明确不过了,尽管彩云之南多彩云,但由彩云而幻化的金马碧鸡,其渊薮就在大姚,这是不容争辩的,这里值得注意的是,在《汉书》等典籍文献里,古蜻蛉县属于越巂郡而不是益州郡。

当时蜻蛉县所隶属的越巂郡共15县,首邑在

二、文明的脚印

邛都县（今四川西昌市），地域包括今四川凉山、云南的丽江东部和楚雄州西北部。越嶲古道，贯通全境，这也许就是金马碧鸡的奇异天象乍现，便誉满京华的直接原因。

东汉末年，社会矛盾不断激化，最终形成了三国鼎立的局面。当战乱继续蔓延，由刘备创立的蜀汉政权退守到成都的时候，大约在公元225年前后，金沙江以南一些部落首领骚乱，严重影响了后方的稳定。在这样的时候，诸葛亮亲率四万之众，"五月渡泸，深入不毛"。从此，在金沙江南岸广大地区，自东往西，从丽江、楚雄到昆明、曲靖、昭通，到处都流传着诸葛亮南征的故事，都有诸葛南征的遗迹供人们凭吊。

因为历史形成的惯例，从四川入滇，其中一个重要的通道便是越嶲古道。于是，由此而留下的传说和故事，也就在楚雄州境内广泛流传。比如，在永仁方山，就有着以下这样一个传说——

当年诸葛亮率众从成都誓师南征，兵分三路浩浩荡荡南下，其中一支人马在他的亲自指挥下，一举攻下越嶲郡守所在地邛都，而后亲率三千精兵开路，从会理直插金沙江，在永仁县的拉鲊渡口过江。

也许，这便是"五月渡泸"的真实情景。而在这样的时候，诸葛亮大军所深入的"不毛"之地，便是1800多年以后所发掘的菜园子和附近大墩子新石器文化遗址所在地，在这里所居住的濮、髳等古老民族以及后来被称为"叟"的少数民族，曾经创造了灿烂的文化和文明。而作为彝族先民的"叟"，在那个时候，他们的首领，除了同诸葛亮血战到底，体现了无畏的英雄气概，而最终在诸葛亮的真诚和仁义的感化下表示臣服的孟获以外，还有高定、雍闿等人。所有这些作为民族首领和一方土酋的少数民族豪雄，都在无数次激烈的战斗以后，臣服或归化了。对于他们来说，不能说是"战败"，而是在血与火的考验之后，一种认同先进文化的明智选择。正如所传当时曾同蜀汉大军激战无数次之后，终于到成都任职的高定，其后裔曾经在大理国期间辉煌数百年，并且在楚雄境内培育出了诸如高崭映这样的文化名人。同庄蹻"通滇"一样，诸葛亮南征虽然是一次大的军事行动，但由于这位历史伟人的仁义和文明之举，就是一次民族大融合和文化大交流。

二、文明的脚印

据说当年诸葛亮所率中军一部三千人从拉鲊渡口过金沙江以后，南方的深山丛林，使官兵们的耳目为之一新。但是，由于正值五月天气，江边更是酷热难当，如此一路行军，没有多久将士们便支撑不住了。酷热的天气加上水土不服，又由于连日的奔劳，一支劲旅几近于瘫痪和崩溃的边缘。诸葛亮只好派人就近搜索，准备休整一番，在这样的时候，搜索人员登上了方山，但见此处浓荫蔽日，清泉甘甜，空气清新，凉爽宜人，精神顿时为之一振，迅速向诸葛亮报告了这一发现。于是，首次进入滇境的蜀汉大军，就在这里休整了。

诸葛亮深谙天时，更懂地利。他登高一望，只见方山山势雄伟，俯视周围，可谓一览无遗矣！这里作为一个军事重镇，攻守自如，不啻一方战略要地。诸葛亮下令蜀军在方山安营扎寨，掘土垒壁，并在山的四周挖了很多火坑，打了很多石锥窝。不几日，当士气刚刚恢复那么一点，几万土酋盟军便浩浩荡荡杀到，诸葛亮因为占着方山地利之便，毫不担心。他下令士兵们烧起灶火，架锅煮饭，并且四处声张，只见整座方山炊烟袅绕，敌军皆为此气势所慑，又见此处地势险要，易守难攻，故不敢贸然进攻。土酋们派人侦察，又见敌阵中炊烟处处，士卒们出操布阵，井然有序，并无半点惊慌之状。而且，侦察士兵还发现到处是舂米的石锥窝，真不知有多少人马驻扎于此。就这样，诸葛亮又再上演了一出"空城计"。后蜀军在此休整数月之久，拔营而去。一场战火终于幸免，对当地土民也是秋毫无犯。现在，这座诸葛营垒虽经近两千年的风雨剥蚀，其轮廓仍然依稀可辨。这座古营盘的中心位于方山东山之麓，就目前遗址所见，共有三道土围，可能是当年蜀军所筑城墙。残存土墙共有356米长，高约3米，厚约2.4米，皆由黏土夯成。土墙外有堑壕若干，痕迹明显，可知方山麓诸葛亮扎营一事，所言非虚。

在楚雄州境内，几乎每一个地方都有着不知是传说还是真实的诸葛遗迹，每一寸土地上都有着对这位千古贤人的讴歌和颂扬，可谓举不胜举。

"诸葛南征"对于楚雄来说，是值得发掘的文化渊薮，因为这个事件的历史作用及其影响实在是太深远了。想当年诸葛亮亲率西路大军，追

二、文明的脚印

孟获而进入楚雄境内的金沙江南岸地区,大获全胜,南征告成并与众军会合之时,楚雄的历史又有了浓墨重彩的一笔。当时,军民相庆、欢呼雀跃的场面,又当是多么热烈而动人啊!从此,在楚雄境内,在永仁、元谋、大姚、姚安、牟定、南华等地,在武定、禄丰、楚雄、双柏境内,又多出了一道奇异而鲜明的人文风景。当后人在这些与诸葛亮有关的"旧营"之间流连忘返之时,也就意味着:一曲由历史上著名人物谱写的民族团结的颂歌,整整唱响了数千年。

楚雄历史上有三次大的民族融合:一次是庄蹻通滇,一次是诸葛南征,一次是明初的军屯、民屯。民族大融合促进了楚雄经济文化发展,影响了州境内民族构成,生产方式和生活习俗,其踪迹至今仍历历可见。

(二) 历史变迁

纵观楚雄历史,在商周之前,在新石器时代的漫长岁月,一支支古老民族的生活情景和创造精神,一代代地延续下来,犹如百川汇流,终归大海一样,成为历史的人文渊薮。而在这样一种悠远的历史行程中,一步步的脚印也许被淹没了无数遍，但一些里程碑似的重大事件，仍然能够把这一切贯穿起来，从而展示了历史真相的方方面面。从"濮髳北会"到小卜西征，从汉武帝因置郡设县而发现了响彻千古的彩云南现奇观，到"诸葛南征"，这期间两千多年的历史画面，也因之而变得清晰起来了。三国以后，从魏晋到隋朝，对于整个中国来说，云南的历史变得更为重要，更加多姿多彩了。当颇有作为的隋文帝杨坚派出大将史万岁进入滇境，沿滇洱古道浩浩荡荡开拔到楚雄境内，并在镇南写下了《石城山》之时，那种壮怀激烈的历史画面，多么值得后人凝视！

唐王朝的建立和空前强盛，标志着中国封建王朝已经进入巅峰时期。处于南诏及吐蕃边缘地区的楚雄，地理位置和历史地位也就显得格外重要，其代表性的事件便是姚州都督府的设立，以及由此而爆发的天宝战争。

南北朝时期，云南境内有"南宁州"为朝廷统治云南的重要机构。北周朝廷曾命土长爨玩为南宁州刺史。隋朝开皇五年（585年）。文帝杨坚曾命韦世冲为南宁州总管，进入云南地区，建总管府一座，下辖昆、协、恭三个州治。总管府任

二、文明的脚印

命当地土长为各州刺史,并派兵戍守。据《隋书·史万岁传》所载:隋初南宁州总管府建立后不久,昆州刺史爨玩叛乱,挑起战端。史万岁奉旨率兵征讨。就是这位名将,横穿楚雄全境,在率命出镇南时,赋诗《石城山》云:"石城门峻谁开辟?更鼓误闻风落石。界天白岭胜金汤,镇压石南天半壁。"

史万岁恐怕算得上是周小卜以后,率兵纵横楚雄全境的名将。关于他的史料,较之周小卜要详尽得多。当时,他率兵出清溪关,进入大姚、姚安境内,并从南华进入大理,渡"西二河"(西洱河),在大勃弄、小勃弄等地纵横捭阖。战争告捷,史万岁所部"破敌三十余部,虏获男女二万余人,诸夷大惧,遣使请降"。后来,又有几次动乱,待到各地平定以后,隋王朝几经建置变更,终于建立益州总管府,下辖会、嶲、昆、协、南宁、恭等17州,朝廷从东西二路经略滇东、滇中、滇西乃至整个云南的格局初步完成。当然,益州的大本营仍在蜀地。这就为后来唐朝初年朝廷在楚雄境内先后设置髳州都督府、姚州都督府,皆属剑南道,由剑南节度使所辖开启了历史渊源。

几乎与唐王朝的建立和强盛相对应，在云南省境内，在滇西的洱海地区，迅速崛起了一个地方少数民族政权——南诏。并且，南诏的崛起并不断强大以至于南诏政权的建立，与唐王朝的扶持和援助是分不开的。朝廷为什么要扶持南诏？那个时候楚雄的大部分地区，因此作为南诏腹地并处于中央政权强有力的控制之下，却又为什么后来成为一系列重大历史事件的发生地？这一系列的历史谜团，无不发人深思。

　　在扶持南诏势力统一滇西、滇中以及大部分金沙江流域广泛地区的过程中，唐王朝对于云南乃至整个西南地区的统治得到了加强，其中最大成果便是于唐高宗麟德元年（664年），在古老的"弄栋川"，在"姚巂古道"的这一方重要通衢，朝廷始设姚州都督府。根据有关史料所载，当时姚州都督府所辖地域相当于蜀汉和两晋时期云南郡的旧地，但也有持不同意见者，因为根据目前史料，即使所辖州数，也都有出入。之所以如此，可能是从建立到后来的发展，姚州都督府从机构到辖地，都有所变化。姚州都督府建立之时，属于原南宁总管府所辖西境的姚、褒、髳、徽、宗、

二、文明的脚印

匡、曾、尹、縻等9个州级建置，一并划入；同时，在其建立之时，朝廷在云南境内新设13个州，作为姚州都督府的基础。于是，唐高宗时，姚州都督府共辖22个州。这种情形，与《唐书·地理志》所记"管州二十二"基本相符。可是，这只是开始时的情况，后来，历经几次变迁，姚州都督府的情况，已是大异于从前了。

姚州都督府是中国历史上著名的"天宝战争"的发生地。而在唐天宝初年，据各种史料所载，姚府都督府领22个州治，或者说领57个州县。这较之当初，可谓今非昔比了。关于所辖范围，其说法很多，但可以肯定的是：东至禄丰、元谋，连接大理，西至丽江、保山的广大区域，皆属其所领。

唐朝初年，朝廷在西南地区面临最大的威胁，便是吐蕃奴隶主政权的四处扩张。那个时候，表面上看起来像是没有关联的现象，一些听起来似乎耸人听闻的重大事件，发生在楚雄境内，不用说就是其所导致的。在天宝战争发生以前，朝廷在云南境内所赖以镇守滇西和滇西北地区的重要堡垒之一，便是姚州都督府。

据《资治通鉴》之卷二十二所载,唐高宗咸亨三年(672年),"越州蛮寇边。……正月辛丑,以太子左卫副帅梁积寿为姚州道行军总管,将军讨叛蛮"。这里所涉及的,一个是"姚州道行军总管",一个是"寇边",再一个就是"叛蛮"。"姚州道"与"姚州都督府",当是不同时期的称谓,应该是不错的,而"行军总管"与后来的"都督"是否同一个职位,级别是否相同,则又是另外一个话题了。至于所谓"寇边"和"叛蛮",实际上是古代史籍对西南地区的常用词语,并带有几分蔑视的意味。接下来所发生的一系列事件,可知这段记载所指为何。

不论是前期的"姚州道行军总管",还是后来的姚州都督府,当其成为朝廷征服和控制西南边疆的一个重要据点之后,滇西、滇中地区的很多部落酋长纷纷依附,表示了效忠朝廷的心愿。于是,以两姚为中心,形成了横断山以东地区对吐蕃政权的强大震慑。但是,滇西地区特别是西洱河流域长期以来深受吐蕃势力的渗透,从宗教信仰到生活习俗,都深深地受到了其影响。不但如此,由吐蕃奴隶主派遣的策反者包括肩负政治

二、文明的脚印

使命的僧俗人等,通过各种渠道,自然而然地挑起了这一地区各族群众的反唐情绪。终于,一些部落揭竿而起,操刀弄兵,向代表中央政权的姚州都督府发动了战争。战争的挑起者正是当年响应细奴逻的号召,协助唐将赵孝祖平定大小勃弄叛乱的蒙俭。

唐朝一度封战功显赫的蒙俭为阳瓜州刺史,其子逻威也被任命为巍峰刺史。父子俩一时势力大增,威风享尽,便依靠朝廷的封赐扩充实力,肆无忌惮地吞并周边的部落。几年以来,蒙俭父子的势力迅速强大起来,遂萌生了摆脱中央政权控制的愿望。叛意既生,一场战争一触即发,他们攻击的首要目标,便是姚州都督府。面对汹汹而来的蒙俭大军,姚州都督府根本无法招架。这是姚州都督府建立以来的首次大的军事行动,然而区区数百名军丁在城,是无法与之对抗的。好在这次河东州刺史王仁求得到情报后,及时鼎力相助,叛军才未得逞,但其声势依然强大。不久,朝廷派出李义、杨惠基、赵武贵等将领率军入滇作战,但由于地形不熟,地利不占,均损兵折将,付出了沉重的代价。

骆宾王曾与王勃、杨炯、卢照邻一起,"以文章齐名天下",号称"初唐四杰"。在四杰中,最具传奇色彩,却又为后来正史所载寥寥的,正是这位骆宾王。而当时蒙俭率叛军攻打姚州都督府之时,这位骆宾王恰好在这里任职。他的职务不高,其职责也就是文秘一类。在这次战争中,他负责起草军书檄文。据后来楚雄境内有关地方史志所载,骆宾王有三篇文书留传至今,这对于了解当时姚州都督府是如何应对蒙俭叛乱,无疑是第一手资料。

据骆宾王记述:蒙俭、和舍等叛军首领"负其地险","骚动边疆,寇攘州县"。朝廷所遣征剿之师,于"去年二十一日,军次三胐昆仑镇"。然而此时,对方却"傍山连结十部蛮,有徒五万众",严阵以待。唐军首先劝降,而对方却不为所动。唐军分三路进击,对方如"蚊蚋之群,弥山满谷",毫不畏惧地殊死相抗。激战进行了三日,唐军伤亡惨重,对方亦死伤众多。最后,唐军"前后生擒四千余人,斩首五千余级。诺设弄、杨虔柳等殒元行阵,悬首旌门"。尽管如此,唐军仍未有大获全胜,蒙俭、和舍等主要首领率残部撤

二、文明的脚印

退。不久,蒙俭等人又重整旗鼓,"纠集余众","一呼云屯",联合了更多部落再次杀向唐军。这次的激战更为惨烈。唐军副总管李大志战殁。最后,唐军"斩甲卒七千余级,获装马五千余匹,僵尸蔽野","流血洒途"。这样一种空前的惨状,在骆宾王的笔下,字字淋漓着鲜血。朝廷的这次平叛,算得上是胜利了:"首领和舍等并计穷力屈,面缚军门",投降了唐军,只有蒙俭又得再次逃脱。战胜者与战败者,都付出了惨重的代价,这似乎成了后来天宝战争的前兆。

　　蒙俭连续发动的几次叛乱,客观上动摇了唐王朝对云南的统治。趁此机会,吐蕃派遣使臣从四川茂川西部横断山取道南下,与西洱河地区各部落首领频频交往。为此,朝廷在茂州西部筑安戎城,专门阻止吐蕃南下,可惜收效甚微。不但如此,吐蕃视安戎城为眼中钉,欲拔之而后快,不久,吐蕃联合了当地的羌族首领,攻取城堡,并且乘机大批南下。时姚州都督府下属的各羁縻州、县,也乘势而起,叛唐附蕃。唐王朝本来已经在西洱河地区奠定了一定的统治基础,但不久其势力就被清除了。吐蕃势力得到了西洱河地区,

· 51 ·

并乘机东进，直迫姚州都督府，迫使朝廷放弃了姚州。此时，两姚一带，尽属吐蕃所得。著名的姚州都督府，也归其所有。一时，随之而来的藏传文化，渗透到了两姚地区。唐王朝与吐蕃之间的争斗，一开始就显得无比的残酷。战争的双方都付出了惨重的代价，多少无辜的百姓尸骨无存，幸存者流离失所，然而就在这长期的冲突中，实现了一种特殊渠道的文化交流。

就在姚州都督府第一次废弃，吐蕃势力和文化进入楚雄境内的那段时间，在古蜻蛉县城附近，一尊白塔耸然而起，保存至今。其造型和象征意义，恰好与当时的吐蕃文化，以及长期受吐蕃影响的西洱河地区文化相吻合。

武则天垂拱四年（688年），云南境内一些名望甚高的部落酋长，联名上奏朝廷，请求重置姚州都督府。楚雄地区的重要性再度得到确认，姚州都督府得以重置。随着朝廷的强盛，楚雄境内的形势急转直下。滇西地区的大部分部落首领相继遣使拜访都督府，先后归附朝廷。其中最著名的当属保山一带的酋长董期，史书载之曰："永昌蛮酋董期帅部落二十余万户内附。"唐王朝的势

二、文明的脚印

力,迅速扩大到大理以西的广泛区域。形势一片大好。姚州都督府的权威空前浩大。但是,吐蕃的势力也日渐强大。他们对滇西地区的渗透,也丝毫没有放弃。

可是好景不长,姚州都督府重置后的第15个年头,公元703年,唐王朝与吐蕃之间,战火再起。战争首先发生在西洱河地区。吐蕃赞普器弩弄就是死于这场战争。但在这场战争中,朝廷并没有占着便宜,大量的伤亡使广大士兵怨声四起。西洱河地区仍然在吐蕃势力的控制之下。后来,朝廷先后派大将唐九征、李知古等率部深入,但仍然战绩平平,甚至还经常铩羽而归。又10年以后,唐玄宗开元元年(713年),"姚巂蛮寇姚州,都督李蒙死之",姚州都督府再一次被废弃。而"寇姚州"的"姚巂蛮",似乎也趁乱而起,一时势力大增。

长达数十年的对峙、对抗,楚雄经常是西洱河战区的大后方。一个代表朝廷势力的大后方,但更多的却是朝廷与吐蕃争斗的最前沿。姚州都督府的设置与再设置,废弃与再废弃,其时楚雄州境内各族人民所蒙受的战争的灾难,是可想而知的。倘若云南再这样无限期地战乱下去，那朝廷对西南边疆的统治，也就分崩离析了。几十年的平平战功和沉重代价，迫使朝廷中有见识的决策者们进行反思。反思的结果，便是适时调整了在滇中、滇西一带的战略方针。

开元十九年（731年），唐玄宗决定以两年前重置的姚州都督府为据点，实施新的战略，那就是重点笼络和扶持西洱河地区的亲唐势力，统一这一地区的各部落，让这些地方势力去对付吐蕃，从而在西南地区产生一种新的制衡格局。于是，南诏政权在唐王朝的扶持下，在不断征服其他部落的过程中，应运而生了。

一个代表朝廷意志的姚州都督府，一个亲唐的统一了各部占据了云南境内半壁江山的南诏政权，倘若与唐朝就此和睦相处的话，那历史上民族团结的颂歌，该增添多么辉煌的一页啊！可惜，蒙氏政权生不逢时，他们一片苦衷，所面对的执掌姚州都督府帅印的张虔陀，却是后来老百姓心目中的一个轻薄狂徒、一个奸佞小人。

关于姚州都督张虔陀与南诏王阁罗凤的冲突，千百年来，在云南的民间，在一些野史轶文中，

二、文明的脚印

有很多传说,大体就是这个专横跋扈的大都督,如何调戏阁罗凤美丽的妻妾,如何使阁罗凤忍无可忍而刀兵相向。不论这一传闻是否属实,其与一些正史的记载孰是孰非,似乎都不重要了。反正当地的民间就是这么讲述的。

这次所谓的"调戏"事件,发生在天宝九年(750年)。阁罗凤从大理出发,率妻女赴成都参加剑南道的大体与"述职"相关的会议,途经姚安,拜访姚州都督府的大都督张虔陀。这种拜访,完全是阁罗凤对中央政权的一种礼节性的尊重,并没有任何请示汇报之类的意思。论官阶,张虔陀远不能和阁罗凤相比。一个是堂堂正二品,受封为"云南王",另一个仅仅是剑南道下属的武官,最多只是一个介于省州之间的职务。可是,张虔陀偏偏要摆一副臭架子,偏偏要凌驾于阁罗凤之上,发号施令。不但如此,据说他还在宴会上调戏阁罗凤的妻女,让阁罗凤忍无可忍。

当时,云南地区的事务,统归剑南节度使管辖。由于杨国忠的关系,任命鲜于仲通为节度使。张虔陀是鲜于仲通的爱将,于是由越嶲都督改任姚州都督,负责监视与控制南诏。据说,这位封疆大吏是心术不正之徒，肆意干涉南诏的事务，有心挑起事端。事后，阁罗凤感慨"九重天子难承咫尺之颜，万里忠臣岂受奸邪之害"，派将军杨罗颠为专使，远赴长安向唐玄宗控诉张虔陀的罪行。唐玄宗听信杨国忠的谗言，对此事不予理会。阁罗凤大怒之余，亲率大军攻打姚州，破唐姚州都督府，诛杀张虔陀，并举兵北上，占据了越嶲都督府管辖下的30余个州县与部落。南诏在此区域设置"弄栋节度"，楚雄大部分地区成为南诏"六节度"之一。天宝战争开始了。

应该说，阁罗凤发动"姚州之役"，实出无奈；张虔陀被杀，实属罪有应得。《南诏德化碑》列举了张虔陀的六大罪状，说张虔陀先是勾结吐蕃，企图夹击南诏；阴谋扶持阁罗凤的二弟诚节为南诏王，颠覆阁罗凤的统治；唆使爨崇道与南诏为敌，制造事端；更为南诏所不能忍的是，只要与南诏交好的唐朝官员，张虔陀一概不启用，偏偏重用那些仇视南诏的人，企图孤立南诏；张虔陀时刻进行军事准备，不时谋划军事袭击南诏；故意加重对南诏的赋税征收，征求无度。可以看出，张虔陀的这些行为，具有明显的挑衅倾向，

二、文明的脚印

目的是激起南诏的反抗情绪,离间南诏与唐王朝之间的关系,这正是唐朝权相杨国忠等一贯的手法。正如白居易在他的著名诗篇《新丰折臂翁》中所说:"天宝宰相杨国忠,欲求恩幸立边功。边功未立人生怨,请问新丰折臂翁。"

天宝战争因姚安而起,但主要战场却在南诏腹地大理。天宝十年(751年),唐玄宗命剑南节度使鲜于仲通率大军8万进攻南诏。唐军兵分三路,一路由鲜于仲通率领,由越嶲一带沿清溪关道南下,由滇东北地区进入云南;一路由大将军李晖率领,从会同路进攻,进入姚州,迫近洱海地区;另一路由安南都督王知进率领,从步头路北上,进入滇中地区。三路大军从不同的方向直奔南诏腹地。

面对严峻的形势,阁罗凤派出特使杨子芬、姜如之到曲靖鲜于仲通军中,向鲜于仲通陈述"姚州之役"张虔陀被诛的事实经过,说明事情的起因,并说过错在张虔陀而不在南诏,南诏愿谢罪请和。特使对鲜于仲通说,虽然吐蕃早已对南诏威逼利诱,但南诏不为所动,仍然一心向唐。吐蕃已是虎视眈眈,依据情势,如果唐军执意要进攻南诏，双方交战，吐蕃将坐收渔翁之利。鲜于仲通不为阁罗凤的真诚求和与谢罪姿态所动，继续率大军向洱海地区进发。当鲜于仲通兵行至白崖时，阁罗凤再遣使者请和，鲜于仲通不仅不允许，反而扣留了南诏的使臣。大战一触即发。

南诏尽占地理之便，其腹心地带洱海坝子东临洱海，西依苍山，是一狭长形冲积扇平原，南北长约50公里，其东西最宽处约8公里，南端有龙尾关，北端有龙首关。这里先后建有南诏国的3座都城太和城、大厘城和阳苴咩城，从而成为南诏政权的心脏地带和根据地。从战略上看，东面洱海茫茫，水路进攻不易，西面苍山高耸，平均海拔超过3000多米，山峰罗列，峰顶终年积雪，要翻越苍山，由西向东攻击南诏腹地，也几乎不可能。南面，龙尾城西扼苍山，东边将西洱河天堑作为城壕，居高临下，易守难攻。北面，龙首关东临洱海，西依苍山云弄峰，占据着苍山与洱海之间距离最近的地方，襟山带水，顺山势筑城，地势险要。

唐军的一队骁骑，在大将王天运的率领下，秘密绕道点苍山西坡，企图在漾濞一带登山奇袭

二、文明的脚印

南诏。鲜于仲通亲率主力，直抵龙尾关（江口）。此时，阁罗凤第三次派出使臣求和，鲜于仲通仍不予理会。他心想，8万唐兵已包围了苍山洱海之间的南诏腹地，又有奇兵从苍山西坡突袭，大军由西洱河东岸从水道向西进攻，同时由陆路猛攻龙尾、龙首二关，东西夹击，南北协同，可一举而下，直捣南诏太和城，成就非凡伟业。

对南诏来说，唐王朝大军在南，吐蕃大军在北，形势万分紧迫。南诏向唐王朝请和无望，只好向吐蕃求援。当时吐蕃御史论若赞正率领大军驻守在洱海北部浪穹（今洱源）一带，即命军队从浪穹急驰洱海之滨。南诏与吐蕃军队联合，奋力御敌。阁罗凤长子凤伽异、大将军段全葛率军队，在苍山西坡"丘迁和"即今天漾濞石门关一带，与唐军的精锐部队展开生死之战，唐军惨败，主将王天运战死，唐军"腹背夹攻"南诏的计划落空。王天运被悬首辕门，唐兵远远看到，无不心惊胆战。

据说当时阁罗凤亲自披挂上阵，率南诏和吐蕃大军与唐军奋力搏杀，经过洱海东岸的鲁川（今双廊）、鲁南（今海东）、江口（今下关）等战役,全歼唐军于洱海两岸。唐军主帅鲜于仲通"逃师夜遁",只身逃离。第一次天宝战争,以唐军全军覆没,只有主帅鲜于仲通一人幸免而告终。

然而,唐军惨败的消息,却被唐朝宰相杨国忠谎报为空前的军事胜利;南诏被逼应战的事实,被歪曲为南诏勾结吐蕃,联合反抗唐王朝的谋反行为。唐玄宗一方面为鲜于仲通设宴庆功,擢升他为都城长安的最高长官"京兆尹",另一方面责令杨国忠积极备战,征集士卒,调集军队,再征云南。这真是"西洱全军败没时,捷音犹自报京师。归来设宴甘泉殿,高适分明为赋诗"。战死在洱海边的唐王朝军士,成为枉死的冤魂。

天宝十三年(754年),唐朝军队再度大举进攻南诏。唐玄宗任命前云南都督兼侍御史李宓为主帅,广府节度何履光、中使萨道悬逊为副将,兵分两路,一路由北方南下,一路从安南北上,浩浩荡荡,开赴云南,直取南诏腹地。

此次征战云南的唐朝军士,杨国忠不是就近从剑南节度征调,而是从陕西、河南、河北等地征集。北方人风闻云南为蛮荒之地,瘴气袭人,历来去者无还,因此纷纷逃避兵役。宰相杨国忠

二、文明的脚印

下令强制征兵，不从者铐送征兵所，闹得人心惶惶。唐代大诗人杜甫目睹当时远征云南的唐军，写下了《兵车行》这首千古传诵的诗作："车辚辚，马萧萧，行人弓箭各在腰。爷娘妻子走相送，尘埃不见咸阳桥……信知生男恶，反是生女好。生女犹得嫁比邻，生男埋没随百草。"谁能想象得出，盛唐时期，京畿要冲，王朝腹地，竟然是这样一幅兵荒马乱、民不聊生的景象。

李宓率领战卒10万，负责粮草辎重运送的兵士10万，共20万大军，一路攻击前行至姚州。天宝十三年（754年）六月抵达洱海之滨，从洱海东岸、龙尾关、龙首关三个方向对南诏都城太和城形成包围之势。南诏军队被唐军围困在苍山洱海之间的大理坝子之中，形势万分危急。李宓把中军帐设在洱海东岸的陇坪，统辖全军。他采用水陆协同作战的方法，一面命令士卒日夜赶造战船，做好从洱海东岸渡海作战的准备，一面指挥军队猛攻龙尾、龙首二关。阁罗凤运筹帷幄，密令将军王乐宽袭击唐军水师。唐军造船厂被捣毁，船只全部被南诏抢获，尸横遍野，溃不成军。水军受重创，唐军水陆俱进的策略受阻。

北面，唐军深入邓川，轮流攻击龙首关。李宓亲自上阵，试图攻下龙首关，长驱直入，与何履光部配合，南北夹击太和城。南诏的精锐部队"罗苴子"坚守龙尾关，挫败了唐军一次又一次的进攻。这时，吐蕃军队驰援南诏，抄唐军后路，出其不意攻占了邓川。南诏与吐蕃军队内外夹击，打得进攻龙首关的唐军"流血成川，积尸壅水"，连主帅李宓也战死。从南面进攻南诏的唐军，在何履光的率领下，经过苦战，突破龙尾关天险，直逼太和城下，但终被南诏军队击溃。战事结束后，阁罗凤认为"生虽祸之始，死乃怨之终"，下令各地收拾唐朝将士的死尸，就地祭祀埋葬。据民间传说与考古勘察，当年南诏收葬唐朝将士尸骨的墓冢，有的地方称为"万人冢"，有的称"万人堆""千人堆"，洱海周围的龙尾关、地石曲、苍山西坡丘迁和洱源江尾大墓坪，洱海东岸的双廊、挖色、海东等地，都有分布，至今遗迹尚存。

天宝战争之后，吐蕃封阁罗凤为"赞普"，南诏改国号为"赞普钟蒙国大诏"，阁罗凤建元"赞普钟"。"赞普"为吐蕃语，意为"兄弟"，南

二、文明的脚印

诏与吐蕃从此结为兄弟之国。南诏乘势占据了大渡河以南的土地,同时与吐蕃一道,协力侵扰唐王朝。在南诏、吐蕃结盟的约42年的时间里,战事频起,西南问题成为唐王朝的心腹大患。

唐王朝方面,天宝战争使举国骚动,朝廷内外甚至是普通百姓,对杨国忠等执意发动天宝战争,深为不满。由于大规模的战争,使武将势力增强,藩镇割据情势加剧,地方势力恶性膨胀,唐王朝深陷危机之中。任平卢、范阳、河东三镇节度使的安禄山,以讨伐杨国忠为名,乘机于天宝十四年(755年)起兵,发动了长达8年之久的"安史之乱"。对安禄山、史思明的叛乱,外强中干的唐王朝竟无力平定,最后只有求助于回纥兵,才解了长安之危。盛唐气象,由此式微。至于楚雄州历史上最重要的一个军政机构姚州都督府,虽然还有贾瓘继任,但早已名存实亡了。

古代的大理国历史以及由此而衍生的文化,绝不是现在作为一个行政区域的"大理"所能够包括和取代的。大理国时期,楚雄和昆明,也属于"大理国"这个古老而神奇的区域所在。由此,作为滇池与洱海之间的要冲,连接滇中腹地与滇西边陲的楚雄,其在大理国中重要的地位,也就不言而喻了。

按照有关史料所载,与当时大理国并存并且互为掣肘的共有三十七部,所辖包括滇西、滇中、滇东和滇南的很多地区,而当时的威楚府共有四部,即罗婺部、华竹部、碌券部、武定部。所有这些称"部"的部落或者部落联盟,开始都不羁于大理国的统治和征服,以至于云南省境内,战乱频仍,社会处于动荡不安的局面。后来,随着大理国的不断强大,特别是堪称权相世家的高氏家族不断崛起并且人才辈出,最终导致了"三十七部"大会盟,完全接受了大理国的统治。大理国进入了一个空前强盛的时期,楚雄也因此而作为一方重镇,演绎了大理国时期的一段辉煌的历史。

这样一个与大理国相伴始终的豪门巨族,在崛起于楚雄及滇池一带以后,他们的功业,他们后来在楚雄的领主,为一方的稳定与发展所做出的贡献,一直延续到明清之际。从大理国重臣到元明清时期朝廷所册封的土官,这一家族辉煌了800多年。

二、文明的脚印

　　大理国的建立首先与高氏家族有着密切的关系。关于高方辅佐段思平建立大理国的事迹，各种有关这段时间的云南史料都做了或详或略的记载，其大意无非就是在宋以前，大体相当于内地的五代十国时期，云南境内，各地土酋势力也纷纷称乱，形成了南诏以后各种势力称雄割据的局面。最早一次动乱，便是南诏权臣郑买嗣篡权夺位，灭了南诏，建立了大长和国。这样的局面，也是中央政权因为五代十国之乱而对边疆各地方政权的控制逐渐削弱，而形成的一种动乱局面。

　　云南历史上的重要地位，首先在于优越的地理位置，这是不用说的。而这种地理位置的优势，在后来的历史演变过程中，其所发挥的作用，其对云南历史的影响，可谓愈来愈突出。所以，当我们以"德运千秋"为题，讲述在大理国时期，楚雄历史上的那一段辉煌往事，以及这样一个历史佳话在楚雄历史上的重要意义之时，所有的赞颂，所有的感叹，都会对准了一位名烁千古的历史人物，一位叱咤风云并曾经权倾大理国的历史人物，一位为楚雄城镇和名胜的开拓与播扬做出了杰出贡献的民族头领——高量成。高量成是大理国时期楚雄境内的一位著名的领主,他对这一时期楚雄的稳定和文化教育以及城市建设,都做出了重要贡献。

在楚雄这样一个少数民族聚居地区,能够由高量成这样的少数民族领主开创"千秋德运",并且把"德治"和"仁政"播演了千年之久,那是无论如何都值得大书一笔的。也许,高量成何许人也?对于楚雄本土的所有有识之士来说,都不应该是一个问题。甚至对于现在生活在这块土地上的各族人民来说,读不懂高量成,就读不懂自治州首府鹿城发展和演变的历史,读不懂诸如紫溪山这样一方名胜。但是,高量成绝对不是一个孤立的存在,他对于楚雄历史,乃至于对于大理国所发挥的作用,除了个人的原因以外,更多彰显的是在整个大理国时期,高氏家族的历史地位和重要作用。

五代时期郑买嗣以南诏重臣之身,乘乱而起,灭南诏,创大长和国,是南诏之后,大理国以前云南境内群雄割据,各方土酋称乱的开始。后杨干贞起兵灭郑买嗣,立赵善政为主。如此穷兵黩武,其所造成的惨烈场面,是可想而知的。杨干

二、文明的脚印

贞身为剑川节度使，拥兵自重，诚为一方权雄。其所立赵善政的国号为大天兴。至此，自南诏以后，已经出现第二个国号了。赵善政是在杨干贞的武力拥立之下登上大天兴国主之宝座的。可惜，他的结局，与郑买嗣一样，只不过是昙花一现。不久，杨干贞废弃赵善政，自立为王，号大义宁国。不能简单地说杨干贞是"乱世之奸雄"，但是，从他拥兵自重，到称兵为王，其间所造成的战乱局面，是可想而知的。这一段历史，是从南诏到大理国之间，云南境内战乱频仍，民不聊生的一个特殊时期。在这样的时候，时任通海节度使的段思平联合了滇东和滇南以及滇中一些地区的"三十七部蛮"起兵平叛，建立了著名的大理国。时为公元937年。

大理国的建立，终于结束了从郑买嗣到杨干贞云南境内的数十年战乱，受到重创的滇西、滇中的大部分地区进入了一个相对稳定发展的时期。段氏王国的执政者与据兵称乱的其他土酋势力不同，他们在控制了云南境内的广泛区域以后，十分注重稳定社会和发展生产，尤其注重一方领地的教育文化事业。在这方面，各种史料都做了较为客观的记载。大理国虽然以武力称雄,但"施礼义、重文教"的传统,历来为后人所称道,并且,在这方面,高氏家族的代表人物尤其功不可没。

段思平在高方的协助下建立了大理国。高方作为大理国开国的第一勋臣,开创了这一家族在滇中、滇西地区显赫了数百年的基业。从此,段氏与高氏的命运,也就紧密地联系在了一起。公元938年,大理国建立的第二年,段思平封高方为岳侯,其领地在滇池一带。至此,以洱海和滇池为标志,大理国的政治和文化中心,横亘在楚雄的东西两头,形成了一种一气贯通和一脉相连的局面。

高方是大理国开国除国主段思平以外的另一位重要人物。关于他的事迹,关于对他个人的种种称道,有关史书所记并不是十分详尽。但是,作为高氏家族的一代英豪,受封岳侯,统领滇池一带,那是切凿无疑的。自此,高氏家族的传人世代为公侯,为权臣,登上了大理国的政治舞台。其中最著名的,当然是高量成的曾祖父高升泰,以及高祖父高智升。高量成虽然一度权倾朝野,

二、文明的脚印

但所有这些功名，较之他的祖辈来说，也许没有怎么引起史家的关注。楚雄州的各种地方史志，以及当地各族人民的耳口相传，更多的是这位曾为大理国相的著名人物，大部分时间都在楚雄，在紫溪山隐居，并承父志在龙川江边筑起一座德江城。当然，这与自治州首府的城建和名胜有关的事功，多半是他退隐以后的事了。

高量成声名显赫，一座德江城，一块立于紫溪山之上为其歌功颂德的《护法明公德运碑赞》，早已成了自治州首府悠久历史的一道亮丽的风景线了。而所有这一切，皆与大理国时期高氏家族作为一方名门望族，作为可以与段氏王族并列的柱国勋臣密切相关。高氏的发迹，固然开始与协助段思平打天下的高方有关，但在楚雄州境内，无论姚安还是楚雄，历代高氏家族的传人，他们更推崇的，是被称为"二十九世祖"的高智升，特别是他的儿子高升泰，这两位历史人物，以及在他们身上所演绎的历史事件，可谓惊天动地。

高智升大约生活在宋仁宗时期，距大理国的建立近一百年。从高智升到高升泰，算得上大理国最兴隆昌盛的一个时期，也是大理国历史上故事最多的时期。高智升出生于点苍山麓的一户农猎之家，出生之时，家境并不太好。但他的传奇色彩，经过各种地方史料的衍化，也就格外引人注目了。史家称他身高九尺，臂力在国中无人能敌，经常当众扳倒牡牛而平静如常。高智升幼时曾拜无为寺莲座长老为师，出家修行，练就一身好武艺，不但善骑射，精枪法，而且智慧超群，谋略过人。据说高智升有家传铁鞭一对，为陨铁打造而成，重逾百斤，后传于升泰，史称"高家鞭"。这样一位武艺超群的高家子弟，自然引起了大理国段氏国王的高度重视。当时大理国骠信为段思廉，他亲自安排智升为御前随军。

这便是高量成的高祖功名的开始。当时，大理国王称"骠信"。在骠信之下，沿南诏时的旧制，设"清平官"六人，是为国中的最高行政长官，清平官中最重要者，一是坦绰，二是布燮；前者一般为太子所设，而后者才是真正的最高行政长官——相国。大理国起码从高智升开始，其"布燮"一职，几乎皆由高氏传人世袭。

"后理国"时期，国主段正淳封"还位于段"的高升泰"威楚五百里"，子孙世袭清平官。

二、文明的脚印

从此,高氏权相一脉,遂与楚雄有了更为紧密的联系。威楚雄风传衍数千年,宋代大理国时期高氏家族这一笔,无论如何都是不能忽略的。

高升泰死后,高泰明受任相位之位,到宋绍兴十一年,大理国广运十三年,即公元1141年,又是几十年过去了。其间,高泰明以后,泰运、明顺、顺贞相继为相,唯独不见量成之父明量。而就在这一年,高量成受命为相国。在后来颂扬他的《护法明公德运碑赞》中,有"幼孤,久失庭训"之说,可以看出,他父亲去世得早,所以,大理国的政治舞台上,没能有他的一席之地。好在,被后人视为威楚古城守护神之一的高量成,作为高氏传人中的一位杰出人物,大大地为父亲,也大大为这个家族争光了。量成在位时的功绩,仅凭紫溪山所存《护法明公德运碑》,以及祥云《皎渊碑》中关于"护法"的称谓,便可窥一斑而睹全貌。各种史料称其"护国公""护法公",加之曾受封的"明国公",世称"护法明公",其深湛的含义,确实值得我们大书一笔。

高量成自1141年接任相位,到1150年让位,在位凡9年。这一时期,他以封地楚雄为大本营,不断往返于楚雄与大理之间,可谓戎马倥偬。而就在这样的时候,滇东、滇南各路土酋纷纷揭竿而起,再一次挑起了滇境各"部蛮"与大理国的战争。这样的战乱,自宋太祖开宝四年(大理国顺德三年、公元971年)开其端,已是不止一次地使大理国上下头疼的事了。而这次烽烟再起,《滇云历年传》则记曰:"高量成讨三十七部叛夷,平之。"

关于这一段历史,在楚雄紫溪山《护法明公德运碑赞》中,所述甚详:"四夷八蛮,叛逆中国。途路如猬毛,百姓离散。天不早命公,斯民坠矣。公于时领义兵,率乡勇,扫除烽燧,开拓乾坤,安州府于离乱之后,收遗民于虎口之残,四海清肃,路不拾遗。"

这便是高量成坐拥楚雄领地,以大理国大布燮之尊,平定叛乱的一份最完整、最真实的历史记录。楚雄作为高量成领地,其"领义兵,率乡勇"一说,正好属于按照"后理国"兵制的一次动员和集结。后理国期间,在诸如高量成领地楚雄,平时人人耕种,战时则全民皆兵。按照当时户籍与兵役相配合的政策,每户有丁壮,称为

二、文明的脚印

"乡兵",由领主配予战马和武器,按村落位置分为东、南、西、北各军,由专职军将进行管理。一有征发,乡兵自带战马和武器到指定地点集结。所以,当高量成在楚雄城里振臂一呼,顿时应者云集,那种场面是可想而知的。后来,在大理国灭亡之际,高氏传人高泰祥有能力率乡兵与忽必烈大军相对抗,也得益于这种兵制。

也许,这种适合战争的兵役制可以追溯到南诏时期,但是,召集人的个人威望绝对是举足轻重的。自从以楚雄方圆五百里为领地,从其父明量开始,统领一方并造福一方的愿望始终是高氏传人作为一切的出发点。在距此近千年之后,楚雄各族人民仍然颂其德惠,绝不是偶然的。这次平乱以后,大理国特别是其领地楚雄一带,又升平了相当一段时间。国主封量成为"明国公",把他抬到了国之大护法的神圣地位,这便是大理国特别是楚雄历史上的奇迹。当然,尽管高氏祖先佐段氏以武功起家,从高智升、高升泰到高量成,皆是功勋卓著,但是,他们一旦作为一方领主之后,更重视文治,更重视文化和教化。这也是后来各族人民推崇和歌颂他们的主要缘由。

以包容的姿态，努力学习和吸收内地先进文化，是大理国时期许多开明君主和高氏权相的一贯做派。据《宋史·徽宗本纪》等史料载：宋徽宗崇宁二年（1103年），大理国段正淳遣高量成的叔祖父高泰运奉表入宋，"求经籍，得六十九家，药书六十二部。""是岁……高丽、占城、大食、真腊、大理、夏国入贡。"段正淳卒，子正严继位。宋政和七年（1117年），在大理方国与宋王朝不断交往的前提下，朝廷册封大理国主段正严为"金紫光禄大夫，检校司空、云南节度使、上柱国、大理国王"。这次册封，朝廷有专使入滇。大理国归附于宋王朝，自此开始。为此，宋政和八年（1118年），宋朝科举会试，词科题目竟然是《代云南节度使大理国王谢赐历日表》。作为宋臣，传统的仁德思想，已经深深扎根于高氏传人的灵魂深处。

《护法明公德运碑》属于楚雄州境内的重要文物，也是如今紫溪山的一宗镇山之宝。这是一块歌功颂德之碑，更是一段历史的重要见证。高量成在退让相国之位后，以威楚府演习一职倾心于自己的领地，可是，大理国中的许多大事，朝

二、文明的脚印

中上下仍然有赖于他,所以,在一个朗朗晴日,一块由国主亲授的"护法公"大匾仍从数百里之处送到了他所避居的紫溪山。这难道不是楚雄历史上一代英豪,一位倾心为民的仁人志士的一种最大荣耀吗?

当时,高量成的威望,几乎成了整个滇中、滇西地区的第一。就在他的领地楚雄,《德运碑赞》云:"四夷八蛮,累会于此;八方群牧,□□于此。虽夷狄之深仇,部曲之死恨,到此喜归方寸,恶意冰释。袖刃怀刀,一时捐弃;甘辞艳语,以发喜戏。……八纮四海,闻命于此,可谓大矣!"

按照《滇云历年传》记载:"政和十八年(1148年)六月,高量成讨三十七部叛夷,平之,以侄贞寿为中国布燮,自号'中国公',退居楚雄。"而据楚雄地方史志所云:"高量成退老楚雄城,人化其德,名德江城。"关于"德江城"的记载,各种史料所志并不是很多,但却十分重要。因为,自治州首府的城市发展和规划开发,之于这一古老建筑的精髓而言,自有着莫大的干系。比如,近年享誉于云南乃至整个西南地区的彝人古镇，就是大体依照德江城位置精心营构的。

　　大理国的终结者是蒙元大军的铁骑。率领大军渡过金沙江进入西南边疆的是一代枭雄忽必烈。当时，大理国与蒙元大军对抗的是滇中高氏的代表人物以姚安为领地的大理国权臣高泰祥。这样的对抗大战，从实力大看，无疑是以卵击石，但是，面对强敌，滇中高氏所体现的英雄气概，深深地震动了他们的敌人忽必烈。由此而流传的滇中高氏家族悲欢离合的故事，是那么的动人。而故事的主人公，高泰祥之女却成了今姚安光禄龙华寺的一尊偶像——菩提女。这关乎家国的兴亡和家庭的悲欢离合的故事，内中所体现的历史事件、民族风情和地域特色，是其他地方任何相同题材的故事所不能比拟的。可惜，除了滇中部分区域以外，这一与家族、与大理国、与忽必烈、更与滇中佛教传说有关，并且其内涵已由一方名胜所承载的历史故事，却鲜为世人所知！

　　后来元朝在统治巩固以后，对边疆民族地区采取了绥靖政策，在全国边疆民族地区实行土司制度，姚安、楚雄的高氏土司，武定的凤氏土司，都相继得到了封赠和重用。他们与朝廷所委派的

二、文明的脚印

统官一起,共同管理着这一分土地。明朝不但继承了土司制度,而采取各种措施,使其更加完善。

明朝的建立,对于滇中地区来说,是一个新的时代的开始。其中影响最为深远的,是明初的军屯、民屯政策。这一政策,使得滇中各族人民,与来此定居的大量的军人、知识分子和工商业主更加直接地进行了交流和融合,使得生产力水平和社会进化的程度得到了空前的提高。现在的滇中各地,很多生活习俗甚至生活用语,都与明代的长江下游地区接近,实非偶然。甚至进入滇西、洱海和腾冲一带的民居,都程度不同地体现了某种江南特色。其风韵所在,莫不令人惊叹。

明代在今楚雄州境内设武定、姚安、楚雄三府,后又改为军民总管府,大体奠定了今楚雄彝族自治州的行政区域格局。从此开始,迁入并定居于斯的汉、回等族,与当地的彝、白、苗、傣、傈僳等少数民族一起,共同谱写了地方经济文化发展和社会进步的新篇章。

三、"中国彝乡"风采

(一) 文物古迹

1. 遥想侏罗纪

中生代时期,楚雄大地上最活跃、最繁盛的就是爬行类中的恐龙。它们从三叠纪中期出现以后,一直生存到白垩纪末期,在这片古老的土地上,生活了将近1.7亿年之久。在恐龙生存的整个历史时期,它们不断得到发展。特别是三叠纪以后,各类恐龙开始演化、辐射,到侏罗纪和白垩纪进入全盛时代,形成种类繁多的属种。楚雄州属世界上恐龙化石分布较多的地区,全州共发现近15个属、50余个种的蜥龙类动物群(禄丰44个种),而真正的恐龙也有近10个属、20余个种。

目前,已在楚雄州境内多个地方发现恐龙化石。禄丰恐龙发现较早,早在1938年的抗日战争

三、"中国彝乡"风采

时期,原国民党中央研究院地质和古生物学家杨钟健和卞美年就在禄丰进行过考察,他们发现大量的恐龙化石和伴生的小爬行类化石,因这些动物骨骼的骨盆均属蜥臀类,故将所发现的爬行类动物群命名为"蜥龙动物群"。

1951年杨钟健先生发表的报告中,一共列举了17种禄丰蜥龙动物群的名称。30年后,大量的地质调查、考古发掘和研究工作在禄丰展开。20世纪90年代中期,专家们经过核对,将禄丰发现的蜥龙动物群定为45个种。近10多年来,禄丰又发现多处恐龙化石点,出土多条恐龙化石,到目前为止禄丰共有蜥龙动物群近15个属44种。

楚雄州恐龙所处的地位,一是时代早。如禄丰、牟定、双柏等县出土的大批原蜥脚类恐龙,它们均生存于晚三叠纪至早侏罗纪地层,大致与世界最早的阿根廷恐龙齐名。二是种类较多。目前发现的恐龙中,既有肉食类,也有植食类。体长的可达20~30米,体小的如虚骨龙,仅有现生鹅的大小。三是分布地域广。全州9县1市,除南华、永仁和姚安县外,其他县均出土恐龙化石。四是时代跨度大。即从最早的三叠纪至最晚的白垩纪，在楚雄州的中生代地层内都能找到恐龙家族留下的遗迹。

楚雄州内所出土的恐龙，主要可分为原蜥脚类、蜥脚类、兽脚类和鸟脚类四个大项。原蜥脚类以巨型禄丰龙、许氏禄丰龙、牟定龙、双柏龙为代表。整体的主要特征是：结构原始，刚刚从槽齿类分化出来，体型较小，一般长4~9米不等，头呈三角形，前肢均短于后肢，嘴向前突出，颌关节呈水平式，牙齿细小，适宜磨碎植物，显然是植食性的。

兽脚类恐龙以禄丰大荒田、二钻山出土的三迭龙、宋家坡龙潭出土的双嵴龙、沙湾出土的卢沟龙为代表。它们是一种两足行走的肉食龙。骨骼中空，结构轻巧，前爪锋利，后肢强壮，善于奔跑。头骨与身体相比显得较大，颌骨粗壮，有锐利的牙齿，易于攻击猎物。

蜥脚类恐龙是一类较特殊的恐龙。在楚雄州的禄丰县川街乡的阿纳办事处和元谋姜驿乡半菁村均有出土。一般身躯较长，姜驿龙体长约15米，而阿纳发现的蜥脚类龙则长达30余米，仅一个肩胛就有1.8米。这类龙身体虽长，但头骨却

三、"中国彝乡"风采

很小,牙齿呈勺状,仅能磨碎植物。这类龙的骨骼、肌肉、韧带达到了陆生动物中在力学上所许可的最大限度。因要支撑起庞大的身躯,不得不用四足行走。但元谋姜驿发现的蜥脚龙的前肢仍比后肢短,说明它是从原蜥脚类的许氏禄丰龙直接发展而来。

鸟龙类以禄丰大地村出土的一类小型恐龙为代表。这类恐龙被分类在鸟臀目的鸟脚亚目。这种龙虽称鸟龙类,但不能飞翔。平时用两足行走。骨骼和腰带是典型的鸟臀式,头骨长约10厘米,仅有火鸡大小。牙齿细小,生在槽齿里,它们可能从槽齿类演化而来。由于牙齿的特征,也被称作异齿龙。

在禄丰盆地出土的"禄丰蜥龙动物群",已经是我国乃至世界上目前发现的最丰富和最完整的古动物群之一。禄丰恐龙化石集中点主要有两处:一是1938年出土的中国第一条恐龙化石骨架的大洼恐龙山,另一处则是"世界恐龙谷"所在地川街恐龙山——一个发现于1995年、发掘于1997年的世界级恐龙墓地。这是迄今为止,世界上侏罗纪中晚期的一个最大的恐龙化石大坟场,一个曾在1.6亿年前真实存在的"侏罗纪公园"。

至此,禄丰已成为目前世界上唯一的一处在同一系列剖面上连续出现侏罗纪早、中、晚期三种恐龙动物群化石和伴生的古生物化石的"化石之仓"。2004年禄丰被国土资源部公布为第三批国家地质公园。禄丰县委、县政府举全县之力,招商引资建成了世界恐龙谷风景区。恐龙谷景区坐落于中国云南禄丰恐龙国家地质公园内世界级的史前大遗址——川街恐龙山保护区内,是一处依托恐龙化石埋藏遗址和山谷台地自然景观,按国家AAAAA旅游区标准而建的,集遗址保护、科普科考、观光游览、高科技娱乐和休闲度假于一体的科考朝圣、观光休闲旅游景区。

2. "东方人类"与有"缺环"的演化

自人类社会诞生以来,人们就在不断探索自身的来源,从达尔文提出人类来自古代猿类的观点之后,人们才开始走向正确认识自身起源的道路。经过100多年来全世界学者们的不间断的苦苦寻求,人类起源的图景已逐渐清晰起来。新的发现使人们认识到早期人类的进化不再是单一支系,而是丛式发展的,然而也使原以为清晰的人

三、"中国彝乡"风采

类起源模式又罩上了新的迷雾。人类是从古猿演化而来的已经极少有人不相信,但人类是从何种古猿类演变来的?人类又是什么时候出现的?人类是从何地起源的?这些问题都长期困扰着人类学家们,当然,人们始终没有放弃对人类起源的探索,每一个新的发现都使学者们感到欣喜。云南的古猿化石不仅丰富,而且正好处在人类起源的关键时期,云南的古猿和人类起源关系十分密切,这些都引起学术界的特别关注,也给人类起源研究带来新的曙光。

1965年5月1日,地质工作者钱方、蒲庆余等一行在元谋县大那乌村北从事第四纪地质考察时,偶然发现两颗呈浅灰色、石化程度很深的猿人牙齿化石,为一左一右的上内侧门齿。经研究分析,同属一个男性成年人个体,形态特征与"北京猿人"相似,但较粗壮,具有明显的原始性状。经中国科学院古脊椎动物古人类研究所用古地磁测定,生存年代距今约170万年,为亚洲最早的原始人类。它早于"蓝田人"、"北京人"等猿人,从而把中国发现的最早人类化石的年代推前了100多万年。元谋人遗址还出土了7件石器，在地表采集到 10 件石器，均为刮削器。在化石层出土了大量的炭屑和 2 件烧骨，这表明元谋人在当时已学会用火了，元谋人亦是目前所知最早的用火人。在遗址中还找到一些有明显人工痕迹的动物骨片，说明当时已会制造骨器和简单的工具了。

1972 年 2 月 22 日，新华社向全世界发布了这一重大新闻，《人民日报》报道："这是继我国北方发现的北京猿人和蓝田猿人之后的又一重要发现，对进一步研究古人类和我国西南地区第四纪地质，具有重要的科学价值。"

1973 年，中国科学院古脊椎动物与古人类研究所、云南省博物馆、元谋县文化馆联合发掘了元谋人遗址。地层中出土了 6 件石器，同时，发现大量炭屑，长径一般在 4~8 毫米之间，大致可分为 3 层，分布在上下 3 米的界线内，有的较集中，呈鸡窝状，炭屑常与哺乳动物化石伴生。1976 年，中科院地质力学研究所的李普等人用古地磁方法，测定元谋人的时代为距今 170 万年。随后，地质研究所和贵阳地化所分别采集元谋组古地磁样，并得出基本相同的结果。

三、"中国彝乡"风采

元谋人的牙齿为同一青年男性个体的左侧、右侧上内侧门齿,齿冠长度分别是 11.4 毫米和 11.5 毫米;宽度分别是 8.1 和 8.6 毫米,高度虽经磨耗而减小,但仍达 11.2 和 11.1 毫米。元谋人经研究归属早期直立人。其特征为:牙齿粗硕,齿冠唇面除接近颈线的部分较为隆突外,其余部分较平扁,有明显的汤姆氏线,唇面沟及浅凹面;舌面的底结节发达,占舌面的二分之一;具铲形结构。研究者认为"元谋人"应为直立人的一个新亚种,建议以发现人类化石的元谋县为名,命名为"直立人·元谋新亚种"。

1984 年 12 月,北京自然博物馆野外考察队在元谋人遗址内的元谋人牙齿化石地点南 250 米的郭家包南坡发现人类左侧胫骨化石一段。胫骨的骨干保存完整,残长 227 毫米,表面呈红褐色,石化程度深,属于扁胫型。研究者周国兴教授称之为"元谋人胫骨"。元谋人胫骨和能人胫骨相似的特征有:骨干前缘明显圆顿,S 形弯曲极弱,骨干的骨壁较厚,髓腔相对为小。和现代人接近的特征有:腘线发育、具浅显骨间脊。元谋人胫骨带有较多接近能人的原始特点,而区别于现代人。元谋人胫骨出土的层位为覆盖在第 4 段第 25 层之上的坡积物底部。伴生的哺乳动物中有云南马和最后枝角鹿,推测元谋人胫骨化石的年代在距今至少 100 万年以上的早更新世,这是元谋人化石的又一重要发现。

在云南这块红土地孕育出中国内地最早的人类——元谋人,还发现可能是人类祖先的云南古猿丰富的化石材料,几乎可以拉出人类起源与演化的进化链,这在中国乃至亚洲,甚至全世界都是罕见的。这里有可能破解人类起源之谜的丰富的中新世古猿化石,有中国最早的人类化石,有旧石器时代初期人类制造的工具,有旧石器时代中期、晚期的石器材料,有早期智人和晚期智人(解剖学上的现代人)化石,更有遍布全省的新石器时代遗址。

1985 年,新闻媒体报道在元谋县物茂乡竹棚村发现了上新世的古猿化石和早更新世的人类化石,由于上新世晚期和更新世早期是人类进化极为关键的时期,其化石在亚洲几乎是空白,这一发现自然引起了中国古人类学界极大的兴奋,由于云南省政府和有关部门高度重视,立即掀起了

三、"中国彝乡"风采

在元谋盆地寻找和发掘古猿或人类化石的热潮。从1986年至1990年短短的5年中,经过8次发掘,其中有4次是由省、州、县联合发掘的,共发掘到1个幼年个体的面部,15个上颌骨和17个下颌骨的残段,发掘和收集到牙齿化石近2000颗。

元谋的古猿1987年几乎同时被命名为"东方人""竹棚能人"和"蝴蝶腊玛古猿",以后又有不同的名称出现。随着材料的增加和研究的不断深入,人们逐渐认识到元谋的古猿和禄丰的古猿属于同一种古猿类型,他们之间的差别可视为雌雄之间的不同,元谋的古猿可归入禄丰古猿属。

元谋古猿动物群所反映的是森林向草原灌丛过渡的环境。表现出元谋古猿与禄丰古猿生活在不同的生态环境中。元谋古猿的生活环境更有利于古猿的发展,环境的剧烈变化迫使元谋古猿为适应变化的环境而改变身体的某些结构,走上向人类演化的道路。元谋古猿生活的环境总体为山地森林景观,有茂密的森林和过渡型灌丛,同时存在着宽阔而较平坦的谷地与河流。既有草地灌丛,也有相当规模的林地,气候虽有较强的季节性变化,但不失温暖和湿润。沉积类型主要由泥石流、筛状沉积、河流沉积及漫流沉积组成。这种情况和非洲早期人类生存的环境有很多相似性。与元谋古猿共生的哺乳动物群有10目、34科、3个未定科、106个属种。这个动物群以食肉类、啮齿类和偶蹄类占优势,有兔、猴、始鼠、嵌齿象、犬熊、爪兽、水獭、三趾马、鬣狗、脊齿猪、貘、麂鹿、犀、羚羊等。元谋地区与元谋古猿共生的动物群的时代大约为距今900万年~700万年。新的地层年代学研究认为,雷老与小河两地的古猿有统一的活动范围,该地区大约在800万~700万年间始终有古猿活动。

元谋留存丰富的古生物、古人类、古文化遗留的化石和遗迹,堪称"天然原始社会博物馆"。这样的资源使元谋这块土地成为近一个世纪来国内外地质学、古生物学、厨古人类学、考古学、地理学等学科的专家学者关注的热点。1985年元县建成了元谋人陈列馆,2006年7月元谋人博物馆开工建设,该馆位于京昆高速公路永武段入元谋县城联络线南侧,2008年7月竣工,2010年1月完成布展开馆,总占地32亩,建筑面积5389.6

平方米。

元谋古人类历史文化旅游项目是云南省十大历史文化旅游项目之一，位于元谋县城西部 5 公里处。该项目计划总投资 85 亿元，项目建设主要突出元谋古人类文化体验园、东方人类养生小镇、高原热坝特色农业等三大旅游功能板块。该项目的建设进一步将元谋古人类遗产与历史文化、旅游产业、现代农业、城镇建设等有机结合，增强古人类文化的吸引力，深度挖掘其文化内涵，开发面向中高端市场、相互紧密联系、文化含量较高的集文化体验、科普探奇、温泉度假、养生度假、避寒度假、运动休闲、农业观光、商务会务、生态居住等功能于一体的旅游新区，将打造成为云南远古历史文化第一名片、国际性历史文化旅游目的地。

3. 东南亚铜鼓文化发源地

1975 年桃花水涨的季节，楚雄万家坝的一个农民在自家地里挖出了一件青铜器，引起了考古工作者的重视。5 月，云南省文物工作队通过充分的准备，划定区域开始试发掘万家坝的一座古墓。预想不到的是，这一座古墓竟然是春秋战国时代的古墓。同年10月至1976年1月正式发掘，发掘面积约3300平方米，共发掘古墓葬79座，其中大墓13座、小墓66座，出土随葬品1245件，其中以青铜器居多，共1002件，其余有陶、木、玉石、玛瑙、琥珀、绿松石等。经测定墓葬年代分为两类，I类墓45座，时代在西周至春秋早期，其中23号墓年代为公元前690年左右；II类墓34座，相当于春秋晚期至战国时期。出土的青铜器中，最为珍贵的是5件铜鼓，其中M1出土铜鼓1面、M23出土4面。M23出土的4面鼓两两相对，排列成平行的两组，鼓上置长条形木板两条，棺置于木板上。5面鼓出土时鼓面朝下。

这对于楚雄、对于云南，乃至对于中国和世界的考古学界来说，是一个重大发现。万家坝铜鼓和古墓群的发现，震惊中外，各路专家云集，对这一古代文化奇观和文物瑰宝进行了全方位的分析、研究和测定。经放射性碳素测定：万家坝两座古墓，其建造年代一座为公元前400年，另一座为公元前690年。所出土的万家坝铜鼓被视为世界迄今所知确切年代最早的铜鼓。

铜鼓的由来，考古界众说纷纭。先后出现过

三、"中国彝乡"风采

革鼓说、铜釜说、象脚鼓说、錞于说、木臼说等不同说法。一种看法认为铜鼓是由一种被称为錞于的乐器演变来的,因为铜鼓和錞于有许多相似之处。例如都是一头有面,中空无底,用铜铸成。另一种看法认为,铜鼓是由皮鼓演变而来。清代李调元在所著《南越笔记》中说:"南方多雨,皮鼓容易受潮,就改铸成铜鼓。"1932年,法国人戈鹭波在《金属鼓的起源与传播》一文中,根据越南近代少数民族中使用的一种皮鼓,经常放在藤制的笼形鼓架上,铜鼓鼓面和胸部就像扁形的皮鼓,腰部和足部就像笼形鼓架,因此认为铜鼓是仿照这种皮鼓制作的。这些看法都缺乏实物依据,很难成立。

从20世纪70年代开始,当人们将关于中国境内铜鼓的视野从岭南移向云南和滇中地区的时候,此前人们种种关于铜鼓的认识开始动摇了。特别是楚雄万家坝铜鼓的发掘出土,以及以此地为中心之一的滇中乃至整个西南地区青铜器文化的初步展示,令世人耳目一新。如果说从中国的广东、广西、贵州、云南、四川开始,到东南亚地区的越南、缅甸、老挝、泰国、马来西亚等区域，其先后出土的铜鼓都同出一源，那么，共有的源头当然就是楚雄万家坝。万家坝铜鼓是世界铜鼓之源。

万家坝的两座古墓，从公元前690年到公元前400年，距今2500~2800年。这也就意味着，从春秋中后期到战国初期，楚雄乃至整个滇中地区的经济文化和生产力水平，已经能够同当时内地的很多区域相比较了。不但如此，作为一个少数民族聚居区，以铜鼓为代表的青铜器文化所体现的内涵，似乎更值得我们留意。从万家坝铜鼓的纹饰、造型到与之相伴而生的其他青铜器的门类特征，正是我们认识当时滇中地区社会形态的一个窗口。在那样的时代，楚雄地区的民族分布、地域或民族之间的文化交流，以及各民族共同创造的生产技术和生产力水平等历史文化要素，通过我们对铜鼓文化的研究，也就更加清晰地展现出来了。

两千七百年过去了，铜鼓在产生之初是青铜器中的一员，但从其产生开始，到其发展传衍，已经不再是单纯的物质，其蕴藏着丰富的文化内涵已经成为古代精神的一种产物。就这样的产物，

三、"中国彝乡"风采

其本身蕴涵着千变万化的知识。

同样关于铜鼓的研究已经从单纯的"器物研究"进入文化人类学家的视野,成为人类学研究的一个组成部分,"铜鼓学"也逐渐成为一门独立学科。

蒋廷瑜、廖明君两位学者是国内有名的铜鼓文化专家,他们在《铜鼓文化》中对铜鼓的发展历程作了精辟的概括:"从历史演变的角度来看,铜鼓有其发生、发展的历程,它的用途也由单一用途逐渐发展到多种用途。铜鼓是从铜釜演化而来,原本是炊煮器皿,因为敲奏,才兼有乐器功能。然后从炊具分化出来,成为独立乐器,才具有打击乐器的特色。因其响度大,传声远,也适用于指挥军队作战,或作为传递讯息的工具。后来,铜鼓不但能传递人间信息,也能沟通人与神之间的联系,祭祀活动离不开它,因而又是神器。而在古代,能主持祭祀和指挥军阵的,一般都是民族或部族的首领,因此铜鼓也就成为象征权力和财富的重器。"

万家坝铜鼓作为世界铜鼓源头,其在传播过程中在滇池地区找到最适合的土壤,获得更大的发展，出现空前繁荣的局面，衍化出石寨山型铜鼓（以云南省晋宁县石寨山古墓葬群出土的铜鼓为代表的一类铜鼓。时值公元前4世纪的战国初期到公元前1世纪的东汉初年。流行于云南晋宁、四川会理、贵州赫章、广西玉林等广大地区。）石寨山型铜鼓使铜鼓艺术走向了成熟，创造出了真正意义上的铜鼓文化。而在铜鼓的成熟早期，越南东山铜鼓与石寨山型铜鼓并行发展，但东山铜鼓有着茂盛繁衍能力，并不像石寨山型铜鼓那样于公元前后消失，而是继续发展，同时回过头来影响中国境内的铜鼓，产生了后世繁盛的冷水冲型铜鼓（以广西壮族自治区藤县横村冷水冲出土的铜鼓为代表的一类铜鼓。时值公元前1世纪的西汉晚期到12世纪的北宋时期。流行于四川、广西、云南、贵州等省区和左江、右江、郁江、黔江、浔江流域一带。）在晚期东山铜鼓向东南亚扩散，老挝、柬埔寨、马来西亚和印度尼西亚的铜鼓都不同程度受到越南东山铜鼓的影响，使铜鼓文化发扬光大，成为东南亚古老民族地区一种特有的文化现象。

　　万家坝铜鼓从产生到广泛传播，其所积淀的

三、"中国彝乡"风采

万家坝型铜鼓

文化内涵已远远超出了最初的文化含义。铜鼓文化已成为中国南北文化以及东南亚各民族文化交流融合的重要产物。

4. 文明中国的彝族十月太阳历

在楚雄的西北方向,人们远远地就可以看到耸立于山巅之上的石柱,这就是楚雄太阳历公园的神柱。中国彝族十月太阳历文化园,是以古老的太阳历法为主要标志,集民族风情展演、民族艺术交流、群众娱乐休闲、商业经营交流为一体,集中展示彝族优秀文化遗产的一个彝族文化大观园和动态博物馆。园内"一海一瀑四广场,六寨八区一条龙"巧布于林壑岗峦之间,神秘幽深,是彝州"人类自然博物馆"的一个重要组成部分，园内布置及展览充分体现中国彝族文化之精髓，是人们领略古代彝族独特风情，体味古城楚雄古朴浓郁的民俗民风的绝佳场所。

彝族十月太阳历是至今保留完好的一种古老历法，其使用年代久远，据推测，它源于远古虎伏羲氏族部落时代，大约有上万年的历史，实际使用年代有2000多年。据有关专家考证，彝族十月太阳历与彝族向天坟联系十分密切。向天坟是一个观象场，向东可观测太阳运动定冬夏，向西北可观测北斗指向定寒暑，从而得出"一年二十四个节令"的天文历法，以十二属相轮回纪日，即为十月太阳历的体现[①]。彝族的向天坟是太阳历重要的实物依据，彝族向天坟实际上就是彝族先民们观天象星斗的天文台。同我国广大地区人们习惯使用的农历不同，彝族十月太阳历以12属相回归纪日，3个属相周期为一个时段（月），每个月固定为36天，30个属相周为一年，即：1年10个月，360日，10个月终了，另加5日"过年

---

① 徐从德编著：《云南省楚雄彝族自治州风景旅游资源》，云南大学出版社，1994年3月第1版第128页。

三、"中国彝乡"风采

日",习称"过十月年",全年为365天。每隔3~4年增加1天,即闰年(闰日),为366天。彝族十月太阳历一年的平均长度为365.25天,与回归年(太阳年)的长度365.2422日非常相近。

彝族十月太阳历以地球绕太阳的运动为周期,通过观测太阳运动确定冬夏,以北斗星的斗柄指向确定寒暑。当太阳运动到最南点时为冬至,到最北点时为夏至。而冬季(农历十二月)傍晚观测北斗柄正下指时为大寒,夏季(农历六月)傍晚北斗柄正上指时为大暑。大暑附近几天为岁首,过大年,彝族俗称"火把节"。大寒岁末过小年,即"十月年",约在大寒前后,相当于汉族农历冬月下旬至腊月中旬这二十五六天之内,但有些地区以大寒为岁首,过大年。因为彝族十月历是以地球绕太阳的运动为周期,故称"太阳历"。[①]

彝族十月太阳历通常用10种动物来表示具体的月份:一月黑虎、二月水獭、三月鳄鱼、四月蟒蛇、五月穿山甲、六月麂子、七月岩羊、八月

---

① 楚雄彝族自治州地方志办公室编:《大美彝州——楚雄州情读本》,云南人民出版社2013年8月第1版第105页。

猿猴、九月黑豹和十月蜥蜴,因此十月历又称之为"十兽历"。同时,彝族十月太阳历又把一年分为五个季节,每季两个月。五个季节分别用土、铜、水、木、火来表示;每季分雌雄,一年的十个月以雌雄相配分别称之为雄土、雌土、雄铜、雌铜、雄水、雌水、雄木、雌木、雄火、雌火。雄土月定为岁首,在夏至以后;雌火月定为岁末,在夏至以前。远古彝人用十二属相纪日,属相顺序从虎开始,分别是虎、兔、龙、蛇、马、羊、猴、鸡、犬、猪、鼠、牛。[①]

彝族十月太阳历便于使用和记忆,在新中国成立前,我国四川大凉山和云南宁蒗等彝族集聚区还有遗留。时光荏苒,如今彝族十月太阳历已经淡出了人们的生活,但作为一项宝贵的文化遗产,作为彝族先民智慧结晶,值得专家学者进一步进行研究,去破译其神奇的"密码",解开文明发展之谜。

---

① 楚雄彝族自治州地方志办公室编:《大美彝州——楚雄州情读本》,云南人民出版社2013年8月第1版第104页。

（二）古镇与古驿道

1. 鹿城古今

作为祖国西南边疆的滇中地区，作为滇中重要区域的楚雄彝族自治州，位于滇池和洱海之间，自古以来被称为"省垣门户，迤西咽喉"、"滇中走廊"、"川滇通道"。悠久的历史，灿烂的文化成就了众多的历史文化名镇，楚雄鹿城、禄丰金山、大姚金碧、姚安栋川、光禄以及以盐文化为中心的黑井古镇、石羊古镇。这些历史文化古镇或以传统的人文风貌吸引着众多的后人，经历千年的风霜，早已成为楚雄民族民间文化资源宝库。

鹿城，楚雄彝族自治州首府和楚雄市府所在地，是楚雄彝族自治州政治、经济、文化的中心，古代战略要地，为兵家必争。整个鹿城位于楚雄盆地中部，西靠峨碌山（又名西山），北临龙川江，西山叠翠，龙川江蜿蜒，众多民族在这块秀美的土地上生养休息。

自庄蹻开滇以来，"以兵威定属楚"，楚雄有了自己的名字，而鹿城的由来却以一段美丽的神话开始。故事是这么说的——不知哪个朝代的哪个猎人，有一天外出打猎时看见一头非常美丽奔跑如风的马鹿，猎人发誓一定要打到它。追踪这马鹿几天几夜后，终于在某天清晨马鹿停下不再跑，猎人举枪瞄准时，突然发现马鹿就站在一个坝子的正中央，坝子群山环绕绿树成荫，竟是他从未目睹过的美丽境地。被美景震惊的猎人缓缓放下枪，马鹿与他静静对视片刻后，轻盈转身绝尘而去，身姿飘逸不似世间之物。猎人回去后立刻向全村人讲述奇遇，大家都认为这是神意，并决定举村搬迁至那美丽的地方。为纪念引路的神鹿，村民们沿着神鹿跑过的脚印筑城，并把这里命名为鹿城。

一座"追"出来的城市，千百年来发生了巨大的变化。

有关史料记载，楚雄市历史的最远可以推到大禹时代。《禹贡》称楚雄为梁州外境。梁州是古代以成都为中心的西南广大区域，后曾有一段"合梁于雍"的历史，涉及今楚雄州境内很多地区。周朝时，楚雄为"百濮之地"。《尚书·牧誓》所称"髳、濮"，当指此。春秋时，贵族楚叔雄逃难于此。有"楚雄"一名的最早由来之说，但尚待考证。春秋时，楚国庄蹻率众入滇，

三、"中国彝乡"风采

"以兵威定属楚",称"滇王",开辟包括楚雄在内的广大楚地。庄蹻的部将小卜将军,曾经进入到鹿城西北的姚安,并战殁于此,至今仍有古迹存焉。而且,从历代的在小卜将军名字之前,加上天子之"周"姓,以"周小卜"相称的情况看,征服楚雄等地的庄蹻,应该是奉楚王之命开发西南边疆的大将。

汉元封二年(前109年)置益州郡,楚雄为其所属。西晋武帝泰始六年(270年)置宁州郡,楚雄则属于宁州。东晋成帝咸康四年(338年),重新改分宁州为安州。唐太宗贞观二十三年(649年),朝廷于此置傍州、望州、求州、邱州、俭州。据《滇史》载:"求州在新兴,其四皆在楚雄,而邑为傍为望。"唐麟德元年(664年)置姚州都督府,楚雄为其所治。天宝战争以后,楚雄为南诏阁罗凤所治。南诏立楚雄为"楚州",隶属银生节度使。后来迁节度使衙所于楚雄。此一建置,一直延续到了大理国。后晋天福二年(937年),段思平建大理国,将银生节度划为姚州,号威楚为"富筋睑",后又改为"白鹿部"。"鹿城"一名的来历,或即与此有关。也许改为"白鹿部"与此前一代又一代的流传"神鹿"故事有关,但不管怎么说,起码从那个时候开始自治州首府鹿城,就与"鹿"结下了不解之缘。

乍入艳阳里,频游春色中。

晓烟轻锁绿,夕照半留红。

雨送平原绿,岚迎碌岭风。

晨钟惊寺早,夜月漾莲空。

西下泉声润,南来塔影雄。

山川原不改,景物更何穷。

清代举人董昌曾以《白鹿胜景》为题作过这样的一首诗,几乎概括了白鹿部所有的胜景。

据有关史料记载,鹿城建城于东晋咸康八年(342年),为爨氏首领威楚所筑,故名威楚城。其"威楚"的称谓,是否由此而来,还需要考证。抑或,此时称"威楚"的依据,仍在于庄蹻的"以兵威定属楚"。

南诏时期,在威楚旧城的基础上,楚雄城被一次又一次扩张,并且,当地人指山为名,呼为"峨碌赕"。唐天宝八年(749年),南诏王曾一度在此修建城郭。后大理国权相(布燮)高明量及其子高量成又在峨碌旧城的基础上,修建了一座

三、"中国彝乡"风采

外城。外城位于龙川江北岸,依江而建,名曰"德江城"。内城"峨碌",外城"德江",便是大理国期间,楚雄城形成一定规模并影响至今的基本情形。

关于高氏权相与楚雄城市发展的关系,关于大理国名相高量成继父志为楚雄城市建设乃至于一方名胜的拓展所作的贡献,实在是楚雄城市发展史上的一段佳话,也是现今这座城市的文化底蕴所在。到了元代,楚雄作为大一统封建王朝"路"和"府"一级的行政机构所在,城市建设及其发展一度蔚为大观,可惜,由于史料的缺失,虽然建置沿革脉络清晰,但城市的面貌我们已不得而知了。直到明洪武十八年(1386年),征蛮都督袁义绘图上奏朝廷,言明楚雄府地理位置的重要性,并以南山高峻近郭,易守难攻为由,请准予当巅再筑新城,以图座立在迤西锁钥上的这一方重镇,在中央政权对云南边疆的统治中发挥特殊的作用。此奏议获准后,楚雄军民历时五年,终于使一座历经战火洗礼的古城焕发了新姿。

明代是楚雄历史发展的一个重要时期,在朝廷军屯和民屯政策全面实施之下,楚雄和境内其他府城一样，人丁大增，农牧生产和文化教育事业出现了一种全新的景象。从建置延革到生产方式，甚至民风民俗，都为后来的发展打下了基础。从这一时期开始，城市建设和设施配套，都更加规范和完善了。

这次所修建的楚雄城，按照旧志所载：城周七里，高二丈五尺，城池深一丈，设六门。而《隆庆楚雄府志》则记载更为详尽，在言尽了"本府石城一座，南跨金矿，西邻峨碌，东沿凤岭，北带龙川"之后详细介绍了气势、规模和各种设置。

明代从洪武年间重新修建的楚雄城，历经几次大的重修，至明中叶，已是城高二丈五尺，厚三丈，周延七里又三百六十步，池深一丈五尺这样一座坚厚的城池了。府城开辟六门，东门为"平山"，东南门为"德化"，南门为"广运"，西南门为"仁福"，西门为"德胜"，北门为"勇镇"。这样一座历久弥新的古城，在当时大一统中国统治日愈加强的情况下，是很振奋人心的。

旧志称明代楚雄城"闉闍楼堞皆具"，可见其雄伟壮观。所谓"闉闍"，乃曲城的意思，古

三、"中国彝乡"风采

时又称为"月城",是城门之上加筑的楼台,所以又泛指城门。"楼堞"则是城门之上齿形的矮墙。如此一座古城,座立在滇洱古道的要冲,集一方地理人文之大成,可以想见其雄奇宏伟。当此之时,《隆庆楚雄府志》称:"本府滇西首郡,南屏女竜,西襟济川,北振会基,固四塞之区也。"并且,此志还详述了明初府城的修建过程,并且感慨之辞,溢于其中:"初,筑城于晋寸蛮。皇明洪武中,都督袁义谓南山高峻近郭,倘寇兵据以临城,是借之势也。奏请拓之,御笔一抹,适当其巅。义遂督工改筑,再历寒暑而后成,称雄镇焉!"

堪称"雄镇"的楚雄城,由明初这次修建而奠定了至今仍然据此而不易的基础。依山借势,地当各路要冲;雄镇之名,确非偶然。自洪武以后,至隆庆年间,又经多次修葺,然而风雨剥蚀,不是人力所能挽回的。隆庆戊辰(1568年)年间,"分巡任公呈允两台,尽毁其旧而改筑之",并且"区画精详,督查严密"。可见,明代的历任官吏,对楚雄城的修建,是厥功至伟的。

历经沧桑的楚雄城,发展到了明代,已经成

形并沿传至今，但是此前的一切沿袭和演变，是不可抹杀的。从证据确凿的历史来看，从东晋"威楚"开始，至今已有1700多年的历史，而其基础，仍是洪武年间的那次修建。明代历任统治者对这座古城的修建之功，一直到了明末的崇祯年间，仍然在内忧外患极度严峻的形势下，给予足够的重视。崇祯五年（1633年），楚雄府掌印同知窦敬禹，仍倾全力委派百户姜兴周重修，并使城墙"增高二尺"。可惜，此后不久，不仅经受了明清之际战火的洗劫，而且于康熙十九年（1680年）在一次大的地震中，"堞雉崩倒殆尽。"

崇祯十七年甲申（1644年），就在明朝的最后一位皇帝朱由俭自缢于煤山的那一年，武定土酋称乱于滇中，呼曰"已无朱皇帝，何有沐国公"，欲趁乱称雄，兵锋所指，志在滇中昆明、楚雄二镇，乙酉（1645年），吾必奎攻陷楚雄。一时，这座在明代得到了长足的拓展的古城，城倒人亡。吾必奎在楚雄城盘踞了18天，金沧道副使，明末滇境一代名将杨畏知率大军赶来，收复了楚雄城。但这时云南境内，最高军政长官，世袭镇守云南的沐氏传人天波已是独木难支了。一

三、"中国彝乡"风采

场更大的反叛紧接着吾必奎从滇南的阿迷州暴发,一时攻陷了昆明,并向西用兵,直扑楚雄。

据有关史料记载,在楚雄发生的最大一次官军与乱军之间的争夺与对抗,就在吾必奎攻陷楚雄不久的丁亥年间(1647年)。当时清军尚没有进入云南,动乱之秋的官府与叛军的对抗此伏彼起,当沙定洲继吾必奎称乱并攻下昆明之后,率部气势汹汹向楚雄杀来。当时,镇守楚雄的,便是杨畏知。他与指挥游击王承宪、训导郭耸、举人杜天祯、沅江土官那钥一起,"调度战守士民,以死协力,城赖以全,因建敌台十五座"《宣统楚雄县志述辑》。当时战斗的惨烈状况,据很多史志资料记载,可以用"血流成河"来形容。杨畏知在明清之交的动乱年代,不惜身家性命,捍卫楚雄城,保一方平安,其事迹被后人所传颂,他也成了历代楚雄居民心目中的保护神。

康熙五年(1666年),云南总镇马宁与楚雄知府史光鉴重修楚雄城,使一度被战火毁圮的古城,又从废墟中矗立起来。十九年(1680年)楚雄遭受了一切大地震,城毁屋塌,惨状不堪目睹。三年以后,总镇牛凤翔与知府牛奂联名上疏,向朝廷请款重修。雍正四年（1772年），知府李玉鋐召集兵丁，以坚土筑而固之，并在城楼上覆盖瓦片。八年（1776年）知府储之盘偕知县方廷英又一次重修楚雄城。在此以后，几乎历代府县，皆对这座古城给予足够的关注，不断修建。

乾隆五年（1740年），又经多年风雨剥蚀，城墙坍塌过半，很多城楼也岌岌可危，知府张钧、知县赵屏晋共同上书申请费用，予以重修。二十五年（1760年），云南巡抚刘秉恬十分看中楚雄的重要位置，专门从朝廷申请款项，严令楚雄知县张斯泉扩建楚雄城。此时的这座滇中古城，从规模到各种公室、庙堂、殿宇以及民居校舍的建设，都在云南境内屈指可数。千年的基业，一时的辉煌，曾引起多少文人墨客生兴叹之概，留下了不朽的诗作和文章。

乾隆三十七年（1772年）。一场无情的大水淹没了楚雄城。两年后，到任的知县杜钧又一次向上申请资金，重新修建和扩建。新建的楚雄城，城墙高二丈，周长与洪武年间相差不大，计"七里一百零八步"。新城为备战之需，建垛口二千四百四十四齿，并增建炮台三座。至此，全城共有

三、"中国彝乡"风采

炮台十八座。共建六门城楼,东为平山门,南为广运门,西为德胜门,北为永镇门,东南为德化门,西南为仁福门;东、西、北三门皆建有月楼。嘉庆十年(1805年),很多墙垣毁圮,知县何怀道带头捐资修复,重建东、西、北三门月楼。十二年(1807年),东城突然崩塌,知府于德裕偕知县何怀道带头捐资重修。十五年(1810年),知县林树恒重修北门楼。十七年(1812年),知县彭永思捐俸修建南门城楼。二十年(1815年),知县张廷献又募捐修建南门城楼。

可以看出,到了清代中后期的嘉庆、道光年间,楚雄城不断毁圮又不断修建,而且所需费用,多数为地方官带头捐献,可见一方热土,向来不乏志士仁人,同时也说明了这一时期朝廷上下,在经济方面已经举步维艰了。

据《宣统楚雄县志述辑》载:"道光以来,恒有倾倒五六丈十数丈不等。地方官绅、百姓随时出力完缮。咸丰十年庚申,逆回马如龙寇楚。四月二十二日,以地炮轰塌西北角城砖八九丈,赋踞之。楼阁拆毁,池亦填平。后为西逆占据。经李军门维述恢复三次,城堞楼阁崩倒无算,仅修东、西、北三门城楼。后以屡议修建，库款支绌，惟累迫乡民，胼胝之劳，刨砌而已。"

一方军事重镇，一座千年古城，到了这样的时候，也就黯黯然式微了。她的进一步发展契机，是在中华人民共和国建立以后，特别是改革开放的新时期以来。当然，如今的空前规模和辉煌盛况，是古人所难以望其项背的。

据载，楚雄城一直到清朝末年，都还有三个外城的遗址：

德江城，其旧址在龙川江北岸七古庙小岭岗。

富民城，其旧址在今鹿城镇富民村，旧称城之"军南界"。

净乐城，其旧址在净乐庵旁上北门村，旧称城之"民南界"。

至清朝末年，楚雄城内街道共有十四条：东正街、南正街、北正街、东米市街、文庙街、考棚街、海资街、太平街、京仓街、县隍街、旧县街、书院街、盐店街；巷道九处：江西王巷（又名传胪巷）、虎尾巷、钱局巷、锡箔巷、施家巷、欧家巷、莫家巷、百水巷、水闸口巷。

城外有八条街：官厢街、古山街、后街、里

三、"中国彝乡"风采

仁街、铜店街、旧米市街、赶香街。此外,还有三处大菜园,亦列入城区的行政区划内。

现楚雄老城区的大体情形,与清代的格局大体一致,只是城墙今已不存,内城与外城浑然一体了。这种格局和规模,直至20世纪80年代前也没有多大的变化。古城沧桑,于此可知其大概。然而,历史不会忘记的,不但是当地各族人民的共同记忆,一些著名的古迹,也能把世人带进"念天地之悠悠"的境地。

自明代起,鹿城就有"八景",景景各异,依次为:"峨碌晴岚"、"莲池夜月"、"平山暮雨"、"北浦朝烟"、"广岩晨钟"、"南山雁塔"、"莎涧清泉"、"龙岗夕照"等,历代有诗人墨客,作诗咏之。录三诗如下。

明代陈时雨《题莲池夜月》:

谁凿方塘数亩宽,良宵对月倚栏干。
香飘桂影轮中现,白浸荷花镜里看。
兔魄分明悬碧汉,骊珠荡漾捧银盘。
寄声聚乐青衿士,从此骑鲸上广寒。

清《嘉庆楚雄县志》载:"城西峨碌峰上,每日将升起时,山岚掩映,逾时乃散,远近人家

如在罨画中。"又载"北浦朝烟,城北门外,即龙川江。清晨四顾,烟气弥漫,所谓一村桑柘一村烟也。"陈时雨《峨碌晴岚》曰:

人汲天光浓淡里,鸟飞山色有无边。

林中半隐高低寺,郭外平分远近田。

清代柳熙润《咏北浦朝烟》:

众峰环北郭,一水绕平川。

云雾春林蔽,烟霞早涧连。

鹤鸣寻浅浦,猿叫隐深巅。

晨起凭高望,弥漫满目前。

牛奂,康熙二十一年(1682)任楚雄知府,曾编纂《楚雄府志》有《献仙音·峨碌晚景》一词:

雾锁空林,泉鸣虚谷,山半野烟初螟。几点昏鸦,一行旅雁,妆成暮天秋景。看雨过平桥外,渔舟卧蓑冷。

慢回省,看周遭,乱风如簌,隔断离人孤影。寂寞步兵厨,对香醪,新减幽兴。独卷疏帘,忽飞来明月如镜,奈碧云欲合,还是西风不定。

2. 盐业重镇:黑井古镇与石羊古镇

盐,生命的起点。盐,生命不可或缺的食粮

三、"中国彝乡"风采

和元素。自汉武帝开西南夷,在云南设郡立县,便开启了云南食盐产地有文字记载的滥觞。也使楚雄黑井、石羊两地演绎了上千年的财富兴衰。当繁华褪去,昔日的盐都仍使人感受着历史的旧梦与沧桑。

据史料记载,黑井盐业始于东汉,兴于唐宋,盛于明清。从明代起,设有专管盐务的省直隶黑盐井盐课提举司,使黑井逐渐成为商贾马帮云集,多元文化渗透,"富可敌省,课甲两迤"的滇中经济重镇。

黑井历史悠久,从出土的石、陶、铜器、兽骨等文物考证,早在新石器时代晚期就有少数民族的祖先在这块古老的土地上生息劳作。黑井产盐的历史至少可追溯到距今2000年前的汉代。据《楚雄盐业志》记载:在距今4000—3200前的新石器时代,彝族先民就在这块古老的土地上生养休息。考古发现,黑井大田箐十八犁田新石器文化遗址中,出土了石斧、石锛、石刀、石纺轮,三纺轮的厚轮上刻有"vxx/xx/"的符号。彝族先民们用石斧、石锛在出卤泉的地方挖掘较浅的卤塘,积卤于塘,并用兽皮口袋装卤将其运到元谋等地，供给生活在邻近地区的人们食用，开创了黑井往外运卤的历史。在距今 2500—2000 前的春秋战国至汉初，人类进入了青铜器时代。考古工作者，在黑井的绝峰山、龙骨甸、石龙、七局村、小黑箐等地出土了上百件青铜器，有生产工具，也有生活用具和兵器。这时的黑井彝族先民们用铜斧、铜锄、铜锛在出卤泉的地方挖掘较深更大的盐池。他们用铜斧砍伐树枝，晒干后泡在盐池里，让树枝充分汲取盐分，取出晒干，焚烧树枝以获得固体的盐。在距今 1200—1000 年的初唐，

大龙祠秋色

三、"中国彝乡"风采

南诏时期,黑井彝族的直系先民——乌蛮,已经普遍地使用铁制工具。他们已经利用斜井,将井中的卤水背出,用铸铁锅煮出"洁白味美"的盐。考古学家认为,十八犁田新石器遗址中出土的石器,明显有氐羌文化的特征。而氐羌正是彝族的来源,在南诏时被称之乌蛮,元代被称之为"罗罗",因为盐,他们长期在黑井生存,因为盐他们发展壮大,创造了一系列多姿多彩的彝族文化,也吸纳了先进的中原文化。历史上的绝峰山庙会、老王坡庙会、火把节等节庆活动充分反映出当地文化特征。"四方山城火炬开,家家共乐是星回。悉颜尽被烧将去,春色偏从焰照来。近市喧喧金鼓振,远村渺渺角声哀。已知慈善传佳音,不识人间几动怀。"这是康熙《黑盐井志》收录的从侧面反映黑井彝族火把节的诗。

倪辂辑《南诏野史》云南古迹载:"楚雄黑井佳。若狼井、黑井,因狼与黑牛舔地知盐,故名之。"《新纂云南通志》卷:"唐有李阿召者牧黑牛,饮于池,肥泽异常。迹之池水,皆卤泉,报蒙诏开黑井。"青铜器时代,彝族先民掘池储卤,用最原始的薪炭法制盐,即:用原始的办法把炭烧红，泼卤炭上，待水分蒸发后刮盐取食，盐呈褐色谓鸡粪盐；南诏、大理国时期，掘池汲卤，用釜煎盐，黑井盐成为王室的贡盐。唐贞十一年（公元795年），唐使袁滋在《云南记》中写道："黑井之盐，洁白味美，惟南诏一家所食。"黑井的盐业在元已很兴盛，元中央政府这里置威楚路提领黑井盐运使司，李源道《万春山真觉寺碑》："…有郡曰威楚，东北五舍，沿深山入长谷，有醎井，取雄于一方，以佐国用，以资民生。"这里说的深山长谷，指的就是黑井。《元一统志》载："威楚为当阳之地，山川清秀，壤地肥饶，地利盐井。"明洪武年间，中央政府在黑井设正五品的盐课提举司，直隶于省，从应天府迁来64名身份非同一般的灶丁，大力开发黑井盐业。此后藏于穷山僻壤的黑井，像暴发户一样突然发达起来，并开始走向极盛时期。

在清朝黑井盐业达到鼎盛时期，黑井所缴纳的盐税占云南盐税总量的64%，即便是开始走向衰落的清末民初也曾占到46%。据说，民国初期，即便是做苦力的卤夫，做半天的活就有一枚"袁大头"的收入，不但足以养活一家三五口人，还

三、"中国彝乡"风采

能攒下钱来置家产、赌博、吹大烟。盐业的发展和兴盛,以及盐在经济生活中所起的重要地位,给黑井的发展乃至最终的辉煌提供了深厚的物质基础,让偏居一隅的小镇富甲一方。当时的黑井,常住人口多达两三万人,而且每天都有成千上万的驮盐的马帮、盐商往来于此,各种思想和文化在小镇融汇、渗透,最终荟萃成独具魅力的盐文化大观。历史上留下了许多名胜古迹,至今仍保留有颇具明清风貌的坊巷、民居和古戏台、古寺庙、古盐井、古塔、石牌坊等92处,其中27处属各级文物保护单位。曾有佛教、道教寺庙51座,清真寺4座。有黑井文庙、五马桥、真觉禅寺、古盐坊、大龙祠、武家大院、诸天寺、飞来寺、绝峰寺、武功将军墓、石龙火葬墓群、新石器遗址、十八犁田、滴水箐瀑布和石板街等景点。最有代表性的便是独具匠心"王"字型结构的武家大院,建筑规模宏大,有108道门、99间房,设施齐全,雕饰工艺精良,旧时盐商的富足可见一斑,是黑井保存最为完整的明清建筑。与盐文化息息相关的节庆祭祀活动如太平会、龙灯会、洞经会形式多样,内容丰富。如今,黑井已是中国历史文化名镇、云南十大魅力名镇、国家AAA级旅游景区。

无独有偶,作为滇中楚雄盐业文化的"双星"之一的石羊,其盐生产同样也可以追溯到春秋战国时期。2500年前,石羊的先民便能制作青铜生产工具,在石羊岔河出土的铜犁尖证实那时生存在这里的先民们已经进入了农耕时代,当地的先民已经学会获取盐的方法,盐已经成为生活的必需品。《三国志》载:白盐井汉朝以前界于蛮荒,有僰人生存。据《云南通志》载:汉武帝元封元年(公元前110),越巂郡(今四川西昌)蜻蛉县(今大姚县)设有盐官,有盐泽地,盐的制取惟民自便。最先开发白井盐的民族为白蛮(白族先民),白蛮尚白,因而所开发之盐井称之为白井。蜀汉建兴三年,"诸葛武侯五月渡泸,变收其金银盐布以益军储。"诸葛亮班师回蜀中后,白井盐即远销四川、西藏。十四年(公元236年),越巂郡太守经嶷"开通旧道,千里肃清,复古亭驿",丝绸之路畅通,往来盐商沿南方丝绸之路云集白井,中原文化也随之传蜻蛉(《大姚盐业志》概述)。

三、"中国彝乡"风采

经各朝代的开发,至唐代,白井盐业已有一定的生产规模,享有"美井盐"的盛誉。至宋代,食盐销售一直处于"惟民自便,民煎民销"的状况,元至元三年(1266年)五月,政府在石羊建立了盐政机构,置白盐进榷税官,秩正七品,主管食盐统购和专卖。这时小生产者逐步被兼并,形成了以灶户为业主的小作坊,开始实行"灶煎官收,商运商销"的形式。

明洪武十五年(1382年),明政府置盐井课提举司,下辖白盐课司,隶属姚安军民府,汲卤井硐21个,白盐在质好味佳倍受川边会理一带群众的欢迎。到明弘治年间,食盐年产量达到了33万多斤,地方官吏对驿道加强管理和维护,通往大姚、姚安、宾川、永胜以及周边昙华、三台、苴却的驿道畅通自然。永乐年间,食盐已经采取了"官运官销"的方式进行,也有卖给盐商运销的情况。

清初,白盐井属于姚安府姚州,后改隶属云南盐政巡抚,仍置盐课提举司督煎、督销、缉私、征榷等事项。康熙后期,白盐井成为迤西盐区中最重要的盐井,产品行销滇西六府四州十二县。

光绪、宣统年间,白盐井划定行销范围为23府、厅、县、地区,年销969万斤。

民国元年(1912年)置盐丰县,地主政权与盐政分治,井场改隶属省实业公司,白井场置督煎督销局,后改置白盐井场务公署、场务公署高缉私大队,井场设保井队。民国28年,云南省划定白盐井为迤西场,白盐井限制销范围为21个县,盐产量达800万斤。自清代至民国末,先后开井硐60多处,其中计有废弃进硐10井,含盐成分低而停闭的26井。到民国34年,持续提卤煎盐的进硐24井(《大姚盐业志》概述)。

随着盐业的发展,石羊成为财富之区、提举司驻地,又是方圆几十里内的集市场贸易集散地,街坊集市建设比相邻地区要早得多,形成了独特的风格。

"十里长衢一路通,画桥飞跨碧流中。四围山色沉云黑,一派灯光赛日红。交易不须营龙断,低昂何必貌儿童。人生若有相如志,五马翩翩过彩虹。"白井,说不完的繁华,道不尽的蓬勃。旧时的"七寺、八阁、九座庵",穿镇而过的"三步两座桥",已然废弃的晒盐棚以及盐马古道上清

三、"中国彝乡"风采

晰的骡马蹄印,无不折射出古镇盐文化鼎盛时期的繁荣景象。坐落在象岭山麓的孔庙及孔子铜像是整个古镇的灵魂,始建于明洪武年间,是云南省重点文物保护单位。孔庙占地6584平方米,由大成殿、天子台、朱子阁、仓圣祠、明伦堂、东西两庑等建筑组成。大成殿内供有一尊铸于清康熙四十七年的孔子铜像,高2.3米,重2.5吨,是世界上现存最大的孔子铜像。孔庙内还保存有一块由大理石拼成的"封氏节井"大型石刻浮雕,描绘了石羊美丽的神话传说和明清时期制盐业的繁盛景象,被称为刻在石头上的"清明上河图"。近年来举行一年一度祭孔盛典,寄托了边地儿女尊师重教的优良传统。

斗转星移,沧桑变迁,如今昔日的盐都,一黑一白,早已失去往日的辉煌。然而,当我们寻着历史的足迹走进古镇,与那些古庙、古民居、古塔,精美的石刻石雕对话的时候,又岂止是感动,岂止是震撼?透过它们,我们仿佛看到了昔日的辉煌,仿佛听到了深深古巷里历史的诉说,仿佛看到了成队的马帮跃过了山岭,仿佛看到了洁白的盐在眼前晃动……

3. 千年名府——光禄古镇

光禄古镇位于姚安县城北 12 公里处的蜻蛉河西岸，是古时丝绸之路必经之地，宋朝时为大理国的八大名府之一，现为云南省历史文化名镇。据考证，汉武帝元封二年（公元前 109 年），在古镇高陀山麓筑弄栋县城。南诏在此设弄栋节度，元、明、清三朝，高氏家族在这里执掌姚安土知府和土同知 700 余年，演绎了"九爽七公八宰相，一帝三王五封侯"的政治传奇；也涌现出高奣映、赵子骧、马驷良、赵鹤清等名人学士，有"一门出五举，三步两道台"的美誉。著名的"小邑拉花"为姚安赢得了"花灯之乡"的美称。古镇还有始建于唐天祐年间的龙华寺，有元代设置的姚安路军民总管府旧址，有文昌宫、三丰祠、高雪君祠等。每年的龙华会、花灯会、彝族踏歌等彰显出文化姚安的独特魅力。

汉武帝开发西南夷，设立犍为、牂柯、越嶲、益州四郡，益州郡辖 24 个羁縻县，元封二年设置弄栋县，就是其中之一。其治所就在光禄的旧城，成为当时姚安的政治、经济、文化中心，标志着姚安县成为西汉王朝大一统中央集权国家的一个

三、"中国彝乡"风采

行政区,揭开了姚安与中原王朝的政治、经济、文化关系。直到唐代,中央王朝继川滇边境设立戎州都督府之后,又在光禄设置了姚州都督府,为治滇重镇,成为朝廷管理云南的政治、军事、经济、文化中心之一,辖区32州,几乎包括大半个云南。那是姚安历史上最辉煌的时代,洱海地区崛起的南诏国曾臣服于唐朝,而且就通过姚州都督府与朝廷联系。

大理国时期,光禄成为高氏世袭封地,置演习府,为大理国八大名府之一。

元代置姚州,后升置姚安路军民总管府,光禄成为路、州治所重镇,为滇中地区政治、经济、文化中心。唐设姚州都督府,管辖今滇西地区,史称"三川之门户,南诏之中枢,滇中之锁钥。"宋朝时期为大理国的八府四郡之一。元朝升为姚安路,设姚安路军民总管府于光禄,领姚安、大姚等地,直至明代设立姚安军民总管府,其府城及政治中心才逐渐南移至今栋川。清初沿袭明代建制,至雍正七年,改土归流裁府归州,隶属楚雄府。中华民国三年,分姚州为姚安、盐丰二县。

光禄一名原为官职名称,宋大理国相高泰明

因遵父命还国于段氏，尽心辅国，推贤用能，功德既盛，被封为"晋秩银青光禄大夫"。后裔高泰以讨平沙定洲、吾必奎之乱有功，后又辅佐南明永历帝，升任"光禄少卿"，后人将其官职称谓与地名相通，屡代因袭而得光禄之名。光禄之名反映了这座二千余年古镇的悠久历史和丰厚的文化内涵。

在悠久的历史长河中，光禄留下众多的名胜古迹和历史文化名人，是历史文化积淀的见证。

作为滇中及楚雄州境内最古老的古镇之一的光禄，传统民居布局独特，龙华寺——文昌宫——军民总管府——东关城门，形成一条建筑主轴线，贯穿在"坤"字形的民居街道上，东、南、西、北等4关连接四方，形成了呈"坤"字"回"形建筑布局，"四合五天井、走马转阁楼"的大户民居深藏其中。这样的街巷总适宜一个人去走、去品味。

"文化姚安"建设以后的光禄，军民总管府焕然一新。府衙前"德润民安"的石牌坊大气张扬，开阔的广场前府衙青砖白墙沉稳坚固，不失府衙的威仪。

三、"中国彝乡"风采

大约从唐代起,高氏家族就开始在这里行使统治,虽然名称各异,但府治都在原地修建,连续驻守达20余世。在高氏职位世袭者中,其子孙也不乏忠君报国的仁人志士,如誓死效忠明朝被斩于昆明五华楼的高泰祥,以及后来的大学者高雪君等。高氏家族在云南前后历经54世,直到清雍正七年(1729年)才因"改土归流",被迁移江南。至此,姚安军民总管府伴随着高氏家族,沿袭了26世,时间达700余年。如果说军民总管府为我们打开了一道了解府衙文化的门,那么高氏土衙则浓缩了一个显赫家族的兴衰史,是研究土司制度和彝族土司宗族史的一部"活字典"。

龙华寺

龙华寺,又名卧佛庵,始建于后唐天佑年间(公元904—907年)。据邑河南光山县知县蔡有松于雍正年间所撰重修龙华山龙华寺碑记载:"因神僧出现,从方外以寻来,夜半辞行将天王而引去,由斯灵迹之显,然遂称其刹为活佛"。碑记又说,明初有商严禅师在此开设佛堂,各地名僧盘龙、古庭、宗风、振续等七百余人在此念佛。从此龙华寺成了滇西的佛教圣地之一。明末,寂空自蜀来姚,精专戒律,感诸檀械,助施田亩,充扩招提,古有神祠与寺相杂,师为择地祝白迁移及至祠成,师趺坐定中见仪仗宾纷其神辞谢而去,即寺前所奉之明王也。《姚安县志》记载:"菩提树在光禄镇世传高泰祥死节,一女流亡民间,不知兄弟所在,手植此林,以卜存亡。九植皆茁,后兄弟成聚"。后来,"菩提女"的长兄高长寿,出任姚安府土官,为追念其妹,在卧佛庵内塑像,并改建了佛庵,称"活佛寺"。来活佛寺进香的人们纷纷向菩提女塑像顶礼膜拜。并将原来二月初八朝拜土主的活动,改为"龙华会"。每年的农历二月初八日,届时,姚安坝子和四周山区以及大姚、石羊等地各族群众汇集龙华寺前,盛况

三、"中国彝乡"风采

空前。"岁岁早春天,寻春到佛前,二月初八日,游人万万千,喜连连,相约飞凤山头见",这是清人赵鹤清所描写龙华会的盛况。

4. 古道茫茫

楚雄素有"省垣门户,迤西咽喉"之称,为滇东往滇西,川西南往南亚各国的必经之地。楚雄地区的交通事业源远流长,有关史料记载,自秦汉以来,就开辟了很多通道,这些崎岖的山道从千里彝山延伸到了中原。这些古道,分布于山中林间,沟通着祖国内地,汇通于古"西南丝绸之路"与境外南亚、东南亚国家的联系。作为滇中地区各族人民以自己的脚步"踏"出来的道路,为当地群众生产、生活以及经济文化交流带来了极大的便利。驿道的开通和延伸,为滇中楚雄地区经济社会的发展、文化的交流交融,国际经济贸易合作和友好往来起到了极其重要的作用,被人们称为"红土高原上流动的血脉"。

"西南丝绸之路"的"蜀身毒道",是古中国通向缅甸、印度到南亚、中亚的一条国际古驿道。唐宋以来,有姚嶲道(姚州—越嶲)、滇洱道(滇池—洱海)、中庆建都道(昆明—西昌)三条主干驿道分别呈西北向、东北向和东西向从州境穿过。沿此三道,北可经巴蜀进中原,东进可经黔中入湖广,西行可出缅甸达印度,南下可抵印支半岛各国。

沧桑古道接天边,山间铃响马帮来。古老的彝山用博大的身躯支撑着一队队马帮,在重峦叠嶂的崇山峻岭中,延伸"南方丝绸之路"的文明,书写着千里彝山独特而辉煌的交通运输史。

楚雄州境内的各类驿道分为官道、干道、盐铜运道、县间道等类型:

官道属官府管理,设有驿站、馆铺、关津,行政区域性强,主要有姚嶲道、滇洱道和中庆建都道。3条驿道历史悠久,作用重大,一直沿袭至民国时期。

干道主要有元谋至姚州道和威楚开南道,是铜、盐、茶等物资运输的重要道路,沿途设有哨铺,所行马帮由武装护送。

盐铜运道是威楚一大特色。白井盐运道、琅井盐运道和黑井盐运道由产地销往云南各地。明清时期人,楚雄府南安、罗次、定远、大姚县以及武定府的铜矿开采逐步增多,被评为列入"京

三、"中国彝乡"风采

铜"运至省府再贡朝廷。铜运为云南驿运史上首次中央政府与地方配合的大规模运输活动,由官、商、厂结合,规定了站所和运费。

县间道活跃于元明清时期,至民国时有3条,无运输车辆,靠驿路运输。

姚嶲道 这是古代蜀—身毒道的重要路段,略通于春秋战国间,是中国和南亚古国印度经济文化交流的重要通道。西汉时,姚嶲道州境北部过金沙江接灵关道,西至大理接博南道。其路线大致由四川成都开始,经雅安、汉源、越西、西昌、会理渡金沙江入楚雄州境的永仁、大姚、姚安,西经祥云、弥渡、大理、保山、腾冲进入缅甸,再由缅甸西北到达印度。唐代,姚嶲道闻名遐迩,为多种史书所记载。据樊绰《蛮书》以及《新唐书·地理志》等资料记载,唐代姚嶲道由黎溪南下金沙江,从泸津关(今拉鲊)起,大约行20里至末栅馆(大龙潭)、70里至伽毗馆(永仁县城)、80里至渠桑驿(江底河)、74里至藏榜馆(赵家店)、60里至杨褒馆(大姚城)、70里至弄栋城驿(姚安城北)、80里至弥荡馆(弥兴)、100里至求赠馆(普淜西)、70里至云南城

(云南驿),大约有500里的路段在今楚雄州境内。

滇洱道 也是一条历史悠久的重要驿道,该道通于战国中期,往东由滇池经滇东北石门道入川,往西至云南驿接蜀身毒道出境,与姚嶲道可谓南北纵横,沟通了楚雄境内的四面八方。

唐代称滇洱道为拓东(昆明)至阳苴咩(大理)的通道。据《蛮书》记载,唐贞元十年(794)十月,袁滋出使册封南诏异牟寻,沿石门道至滇池,于十五日至安宁城,十九日至曲驿,二十一日过舍川(今南华沙桥),二十二日至云南城,二十四至白崖城(弥渡红崖),二十六日过太和城,次日抵大理。所记昆明至大理共13程,其中楚雄境内7程。以通常每驿30公里计,共约210公里。

元代称滇洱道为中庆(昆明)至哈剌章(大理)道。明清时期,该道是昆明往滇西的唯一官道。清代云南八大驿道中,昆明至缅甸八莫、昆明至西藏巴安均取此路,由下关岔出。沿线马帮、官员、商贾、旅客往来不绝。1935年底滇西干道公路(后称滇缅公路)通至下关后,古驿道逐渐被现代公路取代。

三、"中国彝乡"风采

中庆建都驿道 由云南省会昆明起,经富民、禄劝、武定、元谋,由龙街渡江经姜驿入川达会理,往西昌,称中庆至罗罗斯道、中庆建都道或中庆至建都道中路。

元李京《云南志略》载,从滇池至姚嶲道,经金沙江,计程1300里。元《经世大典》载:"中庆经由罗罗斯通成都路,见立纳岭二十四站。其间公岭雪山、大渡河毒龙瘴气、金沙江烟岚,自建都、武定路分立站赤,夏月人马不能安止。"所载中庆至成都的24站中,今楚雄州境内有和曲驿(武定)、虚仁驿(白路)、环州驿(元谋)、姜驿4站。明代的中庆建都驿道由富民小甸堡(今宗管营)至武定12亭,武定起经乌龙洞、跃鹰村(乡鹰)、高桥村、马鞍山厂亭达元谋城(今元谋老城),再经3亭至马街(今元马镇),又3亭至黄瓜园,又4亭至金沙江巡检司,又5亭至姜驿。姜驿至黎溪站8亭后进入四川境内。从小甸堡至武定府里程60公里,武定至马鞍山35公里,马鞍山至元谋县城45公里,由此至龙街渡40公里,渡江至姜驿20公里,合计今楚雄境内该驿道长200公里。清代武定府设储粮道,来往客商络绎不绝。地当该路的元谋老街、老城素有"金马街,银元谋"之称。龙街也由此而成为金沙江上的大型驿渡。

元谋至姚州道 这是由金沙江至元谋,又至大姚、姚安,西出祥云往大理的东路。明崇祯十一年(1638年)十二月,徐霞客曾沿此道由元谋一路西下,在大姚、姚安境内留下了足迹,也留下了关于元谋土林等记载。《徐霞客游记》对此的记载如:"官庄(今元谋城东)至大姚西界二十四里,又七里至泸头(原属大姚县,今属元谋新华),……泸头至独木桥四十里。独木桥,先为独木,又以石梁一巩,有碑名蹑云:过桥有省道,为过仓屯桥,入大姚。"仓屯在龙街附近,由龙街西行35里至大姚城,南走30里为姚州城。"游记"载姚安四至里程曰:"姚府南随坡上百二十里,镇南州;东逾大山百二十里,定远县;西逾小坡百二十里(至普溯);北随大坞下百二十里达白盐井。"

威楚开南道 于元至元十九年(1282年)开通。道路自威楚起,向南经南安州(双柏),进入银生(景东)等地。明代,该路每百里置一营

三、"中国彝乡"风采

士兵屯田,并于沿途设堡置站。据康熙《南安州志》载:该路由威楚到南安州旧哨后,分为东南行道、南行道、西行道3路。东南行道由旧哨经法脿、三家厂,过星宿江经易门往昆明。南行道由旧哨南行经麻海、六谷、戛洒、普洱、思茅、打洛入缅甸。西行道由旧哨西行经独田、碍嘉达景东、景谷等地。

铜盐运道 驿道中的盐运道有2条,一是黑井盐运道。黑井道路连接滇中四大名井,步行取捷径,驮马则迂回,故分步道和马道,遗迹至今尚存。其里程为:北走60公里到达元谋接昆明西昌道;西走60公里至定远,又60公里接姚州姚嶲道;西南走15公里通琅井,又47公里达广通入滇洱道,东可上滇池,西可至楚雄;东南走25公里经小铺子、20公里通阿陋井、元永井至沙矣旧舍资上滇洱道。

另一条为白井盐运道。白井东有姚嶲古道,西可分别至祥云、宾川,西北可至华坪、永胜。东南约60公里处,便是姚州古城。

古代滇中地区的炼铜业比较兴旺,各地的铜运大致走向为:双柏所产的铜则经易门、安宁入滇洱道至昆明；罗次所产的铜运至安丰营入滇洱道；武定的铜沿建昌道运至昆明；牟定所产的铜经会基关、广通至禄丰入滇洱道；大姚的铜则经姚寯道转运各地。

此外，还有如织如网的县乡驿道，为当地百姓世代所利用。至1949年，现楚雄境内的县乡驿道共88条，全长5836公里。

这些历经千年沧桑的古道，如今已被现代化的铁路、公路所取代，渐渐被冷落遗弃。古渡桥梁、邮驿站点、关隘哨卡，是保障古驿道畅通、安全、防务、税务及行政管理的必须。这些遗迹遗物，见证了古驿道的历史及兴衰，具有极高的研究价值。

桥梁渡口是除道路外古道交通的另一重要载体，"南方丝绸之路"楚雄段就有桥梁十余座，有永定河桥、江底河桥、连厂桥、老鸦桥、衍庆桥、启明桥、星宿桥、响水桥、安乐桥、蒙七桥、青风桥、濯缨桥、蜻蛉桥、栋川桥等。

古道必经的重要路口一般建有专门的马站驿馆，配置一定数量的马夫兵丁，承担驿道的日常管养，信函传递和往来官员接待等工作。南方丝

三、"中国彝乡"风采

绸之路楚雄段的馆驿有：老鸦关馆驿、炼象关馆驿、舍资馆驿、广通馆驿、姚安馆驿等。经历岁月沧桑，这些驿站，大多后来发展成为当地有影响的村落、集镇乃至县城，现不见旧日的风貌，偶有旧铺老宅守候时光的苍凉。

关隘哨卡是重要的防御设施，历朝历代都十分注重它的修建，形成十分严密的边防和交通安全保障体系。南丝绸之路楚雄段的古驿道在历史的车轮碾压中已经模糊难辨。

滇中楚雄处于滇西横断山地和滇池湖盆凹陷之间，山峦重叠，河溪纵横，谷地错落。马帮是滇中乃至云南特有的一种交通运输方式，它也是滇中驿道主要的运载手段。古驿道从一开始就沾满了乡土气息，有着淳朴原始的味道，是一种原生态的文化现象。千百年来，无数马帮在各驿道上默默穿行。

古道茫茫，从古到今引起众多的诗人和过客的感叹，他们或歌可咏，发思古之情，抒心中意气，留下了大量的诗词歌赋，成为后人了解驿道文化的一个窗口。

《楚雄州旧方志全书》《楚雄历代诗文选》中

收录了部分诗词,现摘录如下。

明代邹杰,湖北京山举人。明成化年间任广通县知县,作有《宿舍资驿》(舍资驿为明清时广通县驿站,今属禄丰县)一诗:

> 匹马留公馆,鸣禽过耳清。
> 花开秋露白,树隐晚霞轻。
> 浩邈家千里,呻吟夜五更。
> 半窗残月影,正此独含情。

明代状元郎杨慎(公元 1488—1559),因"大礼仪"事件触怒嘉靖皇帝,被革职贬戍云南永昌卫,从此居滇讲学著书,游历云南各地名山胜水,足迹遍及大理、姚安、武定、楚雄、元谋、临安等府地,写下了许多优秀诗文。

广通县东响水关距县城东七十里,原设流官巡检一员,弓兵十四,明万历年间裁。响水关产兰,绿叶紫茎,春华秋馥。杨慎感怀,作《采兰引》:

> 秋风众草歇,丛兰扬其香。
> 绿叶与紫茎,猗猗山之阳。
> 结根不当户,无人自芬芳。
> 密林交翳翳,鸣泉何汤汤。

三、"中国彝乡"风采

欲采往无路,踽步愁褰裳。

美人驰目成,要予以昏黄。

山谷岁复晚,修佩为谁长。

采芳者何人,荪芷共升堂。

徒令楚老惜,坐使宣尼伤。

感此兴中怀,弦琴不成章。

文中"踽步"指的是拘谨不敢自由迈步。"楚老":西汉末龚胜,楚鼓城人,曾任谏官。及五莽篡汉,不再应征做官。病中曾言"岂以一身事二主,下见故主哉";死后,有老父来吊,曰:"嗟呼!薰以香自烧,膏以明自销,龚生竟夭天年,非吾徒也!"遂趋而出,莫知其谁。后因以指乡里故旧的贤者。南朝谢灵运《庐陵王墓下作》诗:"延州协心许,楚老惜兰芳。""宣尼":汉元始元年追谥孔子为褒成宣尼公。

在吕合,杨慎亦留有诗文《晚晴登吕合驿楼》:

云迷沙桥雨,风迎品合花。

长虹垂涧断,落景避风斜。

隐几庄周籁,长吟谢朓霞。

登临存二仲,谈笑竟昏鸦。

文中的庄周即庄子,是战国时的哲学家、思想家。籁,指的是古代时一种三孔管的乐器,此处指隐居的生活。谢朓,南朝齐诗人,善于熔裁,风格清俊。谢朓霞,此处借指描写晚霞景色的诗句。二仲:汉羊仲、裘仲二人,皆推廉逃名。

杨慎的《蜻蛉谣》在民间广为传诵:

蜻蛉川,峨碌野。

铁箐穷崖,飞鸟不下。魑结成群行,白日腥风洒。

击我牦牛驱笮马,金鸡庙前无行者。

使君坐紫城,桴鼓臣不鸣。

苍山平,洱水清。

守犬元夜惊,行商达天明。

白羽蠹,青苗生。

南山踏歌北山耕,愿留使君住。

只愁使君去,畏途前番君不闻。

高车驷马亦使君,劫商车下殷车轮。

诗中"蜻蛉"指的是姚安蜻蛉河,"峨碌"指楚雄古名,原为"峨碌赕","铁箐"指大姚县西北的铁锁箐,地势险恶。"紫城":大理古城为南诏故都,名紫城。

此外,杨慎《博南谣》《元谋县歌》《宿金沙

三、"中国彝乡"风采

江》《乌蒙山》《过江咏梅》等诗歌都还多还少同古驿道、古渡口有一定的关系。

如《博南谣》:

澜沧自失姜兵备,白日公然动行李。

博南行商丛怨歌,黄金失守泪滂沱。

铁索菁边高嵯峨,金沙江头足风波。

为客从来辛苦多,嗟尔行商奈若何。

如《宿金沙江》:

往年曾向嘉陵宿,驿楼东畔阑干曲。

江声彻夜搅离愁,月色中天照幽独。

岂意飘零瘴海头,嘉陵回首转悠悠。

江声月色那堪说,肠断金沙万里楼。

清代黄枢,康熙禄丰县令,广东人,庚午年(1706 年)进士。为禄丰星宿桥作有一诗《星桥远眺》:

星桥西郭驾长虹,万象登临霁色中。

水底有天流化日,山间飞瀑响清风。

深林茅屋烟初散,古寺鸣钟韵暗通。

忽听隔溪田父语,又麻从此喜芃芃。

南华县沙桥历史上是重要的关隘,明、清时设驿站,民国设凤册镇,现为沙桥镇。清代夏宗

尧,白井提举,奉天人,作有《宿镇南沙桥》一诗:

> 数载滇南吏,劳劳过楚城。
> 晚寒山涧落,夜静戍楼更。
> 草舍灯挑暗,沙桥月出明。
> 驱驰皆鸟道,憔悴客中情。

故天营,彝语为"固布鲁",位于金沙江南岸,地形险要,属武定环洲土司扼守金沙江的营盘。李斯盛,清代武定环洲四世土司李小黑之子,重他儒学,诗书俱佳,作有《固布鲁升天台壁》诗:

> 金沙原不比洪沟,蒙段天涯古渡头。
> 浪诵金沙千百石,绿波万里入洋流。

李宗堂,清代武定环洲土舍六世土司,自号"环居主人"作有《固布鲁卧云石题壁》诗:

> 功名宝贵酌杯酒,得失荣枯只作歌。
> 非是我来忘岁月,只因身卧云石窝。

（三）民族风情

1. 原始歌舞的活化石

远古的时候，那时没有天，那时没有地。

天公老爷说：上边应有天，下边应有地。

天公老爷说：如今要造天，如今要造地。

……

一只黑母虎，一只白母虎，一只黄母虎。

天公派母虎，黄虎造草木，白虎造江河。

从此这以后，地上有万物，地上有江河。

……

在楚雄市以树苴乡为中心方圆200平方公里范围内的居住着近40万人的彝族群众，自古以来一直传跳着古老的十二兽舞。十二兽舞，也被人们称为"母虎舞"，彝语称为"罗嫫捏姿"，"罗嫫"意为母虎；"捏姿"意为迎接祖先神，即迎接祖先神回家之意。它是千百年来一直流传在楚雄彝族地区的一种传统民俗活动，是彝族原生虎图腾崇拜中，以祭拜母虎为主要内容的原始祭祀活动。

有专家认为，十二兽舞起源于远古羌戎的母系氏族时代，集舞蹈集、歌舞、娱乐为一体。古籍《开元占经·龙鱼虫蛇占篇》引《礼纬·稽命徵》中记载:"(夏禹)建寅(虎),伏羲",说明远古的彝族部落为虎伏羲部落,彝族渊源于古老的羌戎。

彝族人崇虎尚黑,相传,自认为是虎子虎孙的彝家人,世世代代居住在大山脚下,但是,由于母虎经常不在身边,彝家人总是感到孤独寂寞,且整天担惊受怕。后来,在毕摩的带领下,彝家人从深山老林里请回了母虎神。在接回母虎神的同时,同虎一起深居山林的兔、龙、马、羊、猴、鸡、猪、鼠、牛等十一种母兽,也纷纷尾随着来到了彝族村寨。从此,十二兽神也就成了当地彝家人的守护神,人们过上了安居乐业的生活。此后,彝家人便把每年正月的第一个属虎日视为岁首,认为这一天是母虎(祖先)神降临人间,赐福予人的好日子,都要举行以母虎为首的十二兽神祭祀活动,跳十二兽舞,欢度一年一度的虎神祭祀节,祈求十二兽神保佑。①

---

① 楚雄彝族自治州文化局、文化馆编著:《楚雄彝族自治州非物质文化遗产保护名录》(第一卷)第141页,楚新出(2008)准印字061号。

三、"中国彝乡"风采

十二兽舞,以彝族妇女扮演的母虎为首,依次有兔、龙、蛇、马、羊、猴、鸡、狗、猪、鼠、牛相继演舞。祭祀歌舞当天,彝家人以村落为单位,在寨子内栽下"天地树",摆设祭坛、供奉香火,在彝族"毕摩"祭司的主持下,恭请十二神兽回寨,杀鸡宰羊、顶礼膜拜。彝族青年男女按照古老的传统习俗,裸身配纹、披戴兽皮棕叶,装扮成各种兽类的形态,在鼓号手的引领下,模仿人类耕种、收割、纺线、织麻、打荞、抖谷等生产生活习俗,依次举行"接虎神"、"祭虎神"、"跳兽舞"、"送兽神"等活动。十二兽舞除展示人类农耕动作之外,还含有歌颂十二兽的曲调和崇敬母虎的祈祷词。舞蹈内容有接母虎神、迎母虎、祭虎神、母虎降临、群兽狂舞、农耕展示、独兽发威、群兽争霸、送虎神等九方面。其中:接母虎神、迎母虎、祭虎神、送虎神属祭祀性舞蹈,群兽狂舞、农耕展示、独兽发威、群兽争霸属娱乐性舞蹈。[①]

---

① 参见楚雄市文化体育局编《非物质文化遗产保护名录(一)》,楚新出(2008)准印字002号,第84页—91页。

十二兽舞既是传统的民俗活动，又是与其他民族祭祀舞蹈不同的民族民间艺术。它祭祀与歌舞并举，舞形变化和舞蹈形式都以"兽"的表象表现，原始古朴。舞蹈动作粗犷豪放，简洁明快，群体动作自然流畅、节奏明快，各兽独舞形象逼真、惟妙惟肖。群兽共舞，在锣声和鼓点的引领下、在劳动山歌号子此起彼伏的号声中，一踮一跨、扬手踢腿，边舞边唱，不断变换队形，随着鼓号由缓到急，把歌舞活动逐渐推向高潮。然后是兽类独舞，其舞形式独特各异，在锣鼓和号声中奔放起舞、激情豪迈。充分体现出彝家人勤劳勇敢、热爱生活、能歌善舞的民族风俗。彝族十二兽舞娱神、娱人，以古老的方式反映彝族先民农耕、牧猎等各种生产生活习俗，不但赏心悦目，让人尽情体验古老的彝族艺术之美，而且是研究彝族社会发展史、彝族原始宗教及彝族原始歌舞文化的活化石。

2. 毕摩经典大荟萃：《彝族毕摩经典译注》

彝文是世界上最古老的文字之一，是彝族进入文明社会的重要标志，彝文经典是人类文明的重要载体和智慧的宝库。为加强对民族文化的挖

三、"中国彝乡"风采

掘和保护,重视文物和非物质文化遗产的保护,做好文化典籍整理工作,楚雄州以挖掘、抢救、整理彝族优秀传统文化为己任,全力做好彝文典籍的整理出版工作,从2005年始,全面系统整理、编译、出版《彝族毕摩经典译注》,努力打造彝族文化精品,促进全州民族文化产业的发展。

毕摩是彝族传统文化的集大成者,即彝族民间知识分子。毕摩文化载体即毕摩经典,种类繁多,卷帙浩如烟海,虽然历史的沧桑变迁,毕摩经典损失惨重,但毕摩文化依然以其鲜活的生命力传承在广大彝族地区的乡土民间,其古老独特的人文传统是独具生命情态的民族文化遗产。据调查,现收藏的彝文文献约1300部。通过普查尚有500余部散存于民间,还有幸存于荒野山中的500余件彝文碑刻,现存于北京图书馆、中国台湾、日本、美国、德国等海内外的彝文文献大都出自楚雄州。彝族毕摩经集成了彝族古代的语言、文字、哲学、历史、谱牒、地理、天文、历法、民俗、伦理、文学、艺术、医药、农学、技艺等内容,渗透到彝族社会生活的各个方面,堪称是彝族人民世代相承的"百科全书"。毕摩文化既是我国族群文化多样性的体现,也是人类记忆和文化创造力的见证。由于毕摩文献多以口诵记忆与手写传抄的方式流存在民间,有极其明显的易损性;加之现代文化发展,传统生活方式的改变,毕摩经颂的受众兴趣转移,导致了文献传承与传播的迅速萎缩。近年来一批批老毕摩相继辞世,毕摩后继乏人,毕摩文化已成为濒危传统文化,许多文献正在成为"天书"。

按照国务院关于"救人、救书、救学科"的指示精神,楚雄州积极开展对彝族优秀传统文化的抢救、发掘和整理研究工作。自20世纪80年代开始,开展对全州彝文古籍的调查、收集和整理工作。先后编辑出版了《彝汉字典》《彝文识字读本》《彝文正异字比较读本》《中国彝文书法选》《彝文大观》《彝文典籍精选》《煌煌彝文》等彝族语言文字书籍,编印了《楚雄州民族特色菜谱》,拍摄了《中国彝族六大方言毕摩祭祀礼仪》,使许多濒临消失的毕摩文化得到了及时的抢救。着眼于"打造彝族文化精品、发展彝族文化产业,建设民族文化名州"三大发展目标,楚雄州委政府决定:楚雄州财政安排1000万元,系统

三、"中国彝乡"风采

整理编译出版《彝族毕摩经全集》（后定为《彝族毕摩经典译注》）106卷，以楚雄州彝文文献及彝族口碑为主，兼收滇、川、黔、桂彝文文献，整理出版工作按三年规划四年实施的原则进行。经过编译人员六年的艰苦努力，编译出版《彝族毕摩经典译注》工作取得了重大进展，收集、整理、编译工作已全部完成，已完成编译稿106卷。2008年11月22日举行了《彝族毕摩经典译注》首发仪式。

《彝族毕摩经典译注》的编译是彝族文化发展史上一个重要的里程碑，是首次对中国彝族文化遗产的一次盘点和大展示，是中国也是世界第一部彝族文化遗产巨著。《彝族毕摩经典译注》的出版发行，对于推动楚雄州民族文化产业的发展、打造彝族文化精品和民族文化名州的建设，起到文化史料和智力支持的积极作用。

3. 彝剧·滇剧

彝族戏剧是彝族民间歌舞说唱并伴有动作的一种综合性艺术，采用彝语、彝调，歌、舞、白相结合，内容多以反映当地彝人生活为主，是广大彝族人民业余创作和表演的独幕剧。它的音乐源自民歌、歌舞曲和器乐曲,表演动作采用"打歌"等民间歌舞的舞步和身段,具有浓郁的民族风格和地方特点。目前,楚雄州彝剧主要分布于大姚、永仁、双柏、禄丰、武定、南华等县彝族聚居区。

楚雄彝族从来就能歌善舞。其创世纪史诗《梅葛》《查姆》,英雄史诗《阿鲁举热》以及其他一些长诗,就是以说唱形式一代代传承下来的。在日常生活中的一些群众性场合,也常常喜欢以歌代言,进行赛歌、对歌,或者说"克智诗"斗智比识。至于"打跳"歌舞,更是各种集会少不了的活动。这些丰富的民间文艺活动,无疑为彝剧的诞生打下了良好的基础。

明代以来,大批内地汉族移民进入楚雄地区,带来了中原的生产技术,同时也促进了民族之间的文化交流,楚雄地区开始出现了滇剧、花灯等剧种。此后不久,在双柏县的彝族聚居区,一位名叫李二多的民间艺人,根据《毕摩经》中的一则故事,改编演出了二人说唱节目《阿左分家》,角色不固定,说彝语、唱彝调、跳彝舞,在羊皮鼓伴奏下,边舞边跳。稍后,在楚雄县的彝族聚

三、"中国彝乡"风采

居地区,彝族民间艺人创作演出了一出别开生面的《大王操兵》,虽然采用了一些戏曲形式,但演员说的是彝腔汉话,跳的是彝族舞蹈,反映的基本上是当时的彝族生活。这两次艺术上的探索实践,受到了彝族人民的欢迎,两个节目都被保存下来,一传数代。有专家研究认为,这两个节目就是彝剧的萌芽。

新中国建立后,一批革命歌曲和文艺节目传入彝族地区,一些有文化的彝族青年受其影响,运用本民族中流行的民歌小调和"跳歌"形式编演文艺节目。1957年,大姚县昙华乡麻秆房俱乐部民办教师杨森采用端公"跳神"的某些动作与神态,以《梅葛调》《过山调》《放羊调》为唱腔,结合彝族民间歌舞,模仿汉族花灯形式编演了《谁是医生》《牧羊在林中》《狼来了》《半夜羊叫》等剧目。1958年,大姚县昙华乡业余彝剧团参加文化部在大理召开的西南区民族文化工作会议时演出了《半夜羊叫》,受到赞扬与肯定,并正式定名为彝剧。

彝剧在舞蹈、服装、灯光、布景等方面,在保留民族特色的前提下,表演者注意吸收别的戏剧艺术的长处，以丰富彝剧的艺术表现力。1984年经国家文化部批准，成立楚雄彝剧团，该团是云南省少数民族四大专业剧团之一。1985年，楚雄州彝剧团参加云南省第二届民族戏剧汇演，演出了《银锁》《蒇独尼闹店》（后改为《闹店》）《跳歌场上》《春荡彝山》4个彝剧。其中《闹店》剧本，曾被《剧本》月刊刊出，并在全国的民族题材戏剧创作评奖活动中荣获银奖。《跳歌场上》《掌火人》《银锁》《曼么与玛若》《歌场两亲家》《查德恩塔》等一批彝剧分别荣获全国少数民族戏曲剧种演出奖、全国少数民族题材戏剧剧本奖和云南省现代戏创作剧目奖。到目前为止，彝剧已创作出了60多个剧目。彝剧这朵诞生在楚雄彝山的民族戏剧的鲜花，如千里彝山盛开不败的马樱花，越开越艳。2000年后，以《慕勒祭爹》《真假乡长》为代表的小彝剧，前者获得"中国曹禺戏剧奖"小戏剧目一等奖，后者获得"全国小品小戏群星奖"金奖。大型彝剧《铜鼓祭》《咪依鲁》《臧金贵》《杨善洲》《疯娘》在全省新剧节目展演的舞台上获得了成功，小彝剧《摩托声声》《喝三秒》《桃花红·梨花白》多次

三、"中国彝乡"风采

获国家级和省级奖励。这些具有代表性的剧目,不仅把彝剧推向了全省、全国的舞台,而且还填补了彝剧在全国奖项中的空白,在彝剧史上写下了光辉的一页。

在相关部门的支持下,彝剧发源地之一的大姚县组织昙华乡、三台乡彝剧骨干和代表人物创办业余彝剧团,成立彝剧传习所、彝剧陈列馆,举办传承人骨干培训班,进行彝剧展演活动,为彝剧的传承发展注入新鲜血液。

楚雄滇剧源远流长,历史悠久。据楚雄州民族艺术剧院滇剧团杨晓军调查显示,滇剧流入楚雄,大约在清同治年间,据1952年调查,除11个县城(含禄劝县)有滇剧票友班社之外,当时楚雄县的子午、新街、以口夸村;姚安县弥兴、白塔;元谋县的猴街;禄丰县的中兴井、元永井、黑井、琅井、广通、一平浪;双柏等地都有滇剧业余组织。此前,滇剧只为一些爱好者茶余饭后自娱自乐。清末光绪十五年(1889年)前后,有滇剧"玩友"倡议成立业余滇剧班社组织,"楚雄地方滇剧玩友"诞生(1927年后命名为"共乐社")。解放初期,楚雄共乐社与春乐社两个业余玩友组织，基本是处于不活动的状态。1951年，两社合并成立"楚雄民间艺人联谊会"（后改为"楚雄县业余剧团"）。1956年楚雄专区剧团成立，标志着楚雄滇剧正式走上了专业化的道路。剧团1959年参加了全省艺术节目会演、1960年参加了全省滇剧青年演员会演。1962年6月，楚雄彝族自治州滇剧团成立。1964年全省现代戏观摩演出会演、滇中南艺术节，得到专家和观众的好评。"文革"期间，滇剧遭受破坏，1978年，滇剧团恢复工作，逐步开展演出活动。2000年原楚雄州滇剧团经过文化体制改革后与原州歌舞团、彝剧团、怀象剧场、文艺培训中心、艺术研究室合并成立楚雄州民族艺术剧院。

回眸历史，楚雄滇剧艺人和班社组织无论是抗战时期，还是解放战争时期和社会主义建设时期都为楚雄文艺事业做出了应有的贡献。

1931年，"九一八"事变时，楚雄峨碌、雁峰、凤山、虎埠、鹿城等小学教师和伪县党部职员联合募捐演出自编新剧《戒烟》《送子从军》等，共乐社玩友演出传统滇剧《十美图》《财神图》《鸳鸯谱》《三凝计》《战宛城》等剧，捐款

三、"中国彝乡"风采

上万元(滇币)。1936年3月18日,元永井"龙神会",楚雄共乐社的成员和外地的艺人一道,为肖克同志和红六军团的其他首长演出《捉放曹》《拾黄金》《小放牛》等剧目。1939年春,为抗日救亡动员大会演出,1939年春季,在楚雄中学召开的"抗日救国宣传动员大会",楚雄滇剧业余组织"共乐社"的全体玩友应邀参加。1951年,为了配合抗美援朝运动,楚雄滇剧的历史上第一个现代活报滇剧《活捉杜鲁门》开演,轰动了整个楚雄城区。1953年"楚雄县业余剧团"相继排演了《双合印》《红娘子》《蝴蝶杯》《孙宾与庞涓》《孔雀东南飞》《黑旋风李逵》《甘露寺》《秦香莲》《白蛇传》《四进士》《葛麻》等新编和整理过的传统剧目。1958年,为双柏县全国卫生现场会、牟定县全国炼铜现场会作过演出。曾为陈毅副总理、郭沫若副委员长、空军司令员刘亚楼、水利部长钱正英、文化部副部长夏衍等领导人演出过。

近年来,楚雄州民族艺术剧院滇剧团始终坚持"古为今用,推陈出新"的方针,对新创、编、移植的历史剧和现代戏,既保持滇剧的风格,又大胆创新,体现出了独特的民族特色。剧团共创作、改编、移植大、小滇剧、花灯小戏、话剧小品、舞蹈100余个。大型现代滇剧《古镇寒梅》荣获第十一届滇中南艺术节"综合二等奖",云南省第二届滇剧花灯艺术周"大型剧目三等奖"。2011年5月,楚雄州民族艺术剧院滇剧团打造的新编滇剧《跑官记》荣获云南省新剧节目调演"银奖",该殊荣也是楚雄滇剧有史以来在云南专业赛事中获得的最高奖项(集体)。剧团的演出深受观众喜爱,演出足迹遍及全州十县(市),观众达30多万人(次)。

4. 洒落人间的彩霞——彝族服饰

服饰是一个民族的集体记忆和文化符号。彝族服饰经历了一个漫长的发展过程,是楚雄地区彝族文化的瑰宝,充分反映了楚雄彝族的审美标准和生活习俗。楚雄州境彝族共有13个支系,因居住环境的差异,各地服饰色彩纷呈、各具特色,即使在同一支系、同一区域内也有年龄、婚否之分和盛装、常装之别,还有婚服、丧服、战服、毕摩服等专用服饰。据不完全统计,楚雄州彝族服饰达200余种之多,其中尤以彝族妇女服饰色

三、"中国彝乡"风采

彩最为艳丽,款式最具变化。现将杨甫旺、李德胜主编的《楚雄彝族文化史》中彝族服饰的内容介绍如下:

头饰 楚雄彝族特别注重头部装饰,不仅帽饰多种多样,而且装饰千差万别。楚雄彝族男子头饰中,最值得注意的要数金沙江沿岸小凉山彝族男子的天菩萨,头顶留一绺三寸左右长的头发,彝语称"字尔"或"字木",汉语语称"天菩萨"。多数头上缠一顶长达丈余的青、蓝布包头,并裹成一锥状,斜插额前,彝语称"卓贴",汉称"英雄帖",凸显男子的阳刚之气。其他地区的男子喜缠青、黑布包头或戴毡帽,再在左耳上戴一串用红丝线穿缀起来的红黄色耳珠,刚硬中不乏风情。

与男子相比,楚雄彝族女子的头饰内涵更为丰富,式样更为复杂多变。无论女性头饰大体可分为包帕、缠头和绣花帽。永仁直苴彝族地区的女性,多戴用绒线绣成精美图案、缀有红缨和珠料的鸡冠帽,常用布壳剪成鸡冠形状,又以大小数十、数百乃至上千颗银泡镶绣而成。大多彝族女性戴用头帕,用黑布在头上缠成各种花样,并在头顶的头帕绣有鲜艳的花朵等各式图案,帕子四周垂着彩色的缨穗,也有的会在帕沿缀银花、银泡等。多数女子会戴银饰耳环,衬托出女子的婀娜多姿,老者则一般头缠包头。彝族女子头饰是婚姻、年龄的象征,随年龄的增长而变化。

上衣 上衣,是彝族服饰中最为重要的组成部分。彝族男子服饰略显单调,多为黑色窄袖并镶有花边的右开襟上衣。上衣分内衣、外衣、坎肩三种。内衣多为白布褂;外衣大襟右衽,领较矮,喜用青、蓝色布料。青年男子外衣紧身窄袖,环肩、襟、摆均用色布镶饰细牙条花数道。衣为立领、布纽、双兜,领和衣兜上绣有彩色花纹图案,纹样以山花为主,衣外还喜披一件羊皮褂既美观也御寒保暖。

一般女装上衣稍短,多为镶有色布或绣有花边的右衽大襟衣,袖子细窄,胸襟、项背、袖口处饰各式纹样;花饰繁多,色彩以黑蓝、粉红、大红、大绿为主,纹饰多变,层层铺展,十分浓郁艳丽。彝族女子均穿背心,在上衣外面穿披褂,对襟、无扣,袖口和领口极小,只披不穿,别有风度。彝族女子上衣多样,不同地区、不同时代

三、"中国彝乡"风采

款式各异,各有千秋。但大多以黑、蓝两色为底,其上绣以各式鲜美图案,并镶上各种银饰和料珠以装饰,几乎不留底布的颜色,别具风情,尽显彝家女子的勤劳聪慧。

下装 楚雄彝族男子的下装,多褶宽裤脚长裤为基调,一直持续至今。永仁、元谋小凉山彝族男子的大脚裤,彝语成为"拾",是用一寸左右青、毛蓝、天蓝、黑等包布缝制而成。这种裤子多褶宽大,裤脚开口大,裤身宽松,吊裆,两脚并拢时犹如裙子,行动极为方便。其他地区的彝族男子喜用黑色或青布制作大裤筒,裤脚一般比裤腰直径长,既宽松,又凉爽方便。

楚雄彝族女子下装则比较多变,有两种形式,一为裤装,一为裙装。裙装多为多层色布环绕拼接而成的百褶裙,大姚、武定的彝族女性穿者居多,裙裾及地,色彩对比强烈,线条修长优美,显得大方得体。其他地区、支系的彝族女子不穿裙子而穿长裤,多以黑、蓝或红为底色,并在裤脚边镶绣二至三道精致的花边,铺满整个裤腿。从裤腿至脚边,从上到下全部挑、刺各种花纹图案。特别是永仁直苴等地的彝族女子会在裤脚上绣经过变形处理的踏歌图，从下至上一次绣有马樱花、蝴蝶花、山茶花及山水石木图案，并镶绣有云纹、波纹、菱纹及象形抽象的各种条纹，绣工极为复杂，既有粗犷厚重之感，也不失细致典雅之美。

配饰 配饰是楚雄彝族服饰的一大亮点。这里所说的配饰，一般指女子的耳饰、首饰、挎包和腰饰等，男子斜挎于腰的佩带"图塔"等。腰饰主要是以围腰为主，在围腰上下工夫，做足手脚。围腰是楚雄彝族女子服饰的中心和主要装饰物，是不可或缺的穿戴物，有长领围腰和半截围腰之分，多用一块黑色或紫红色、墨绿色丝绒制作，一般绣马樱花图案，或绣色彩鲜艳的"喜鹊闹梅"、"蝴蝶采花"及花鸟等图案，并嵌上银泡、配上各种银饰。将围腰固定的是绑在身后的飘带，彝族女性喜将小人花绣于其上，与石榴、灯笼花、桃花、牡丹花等纹样镶嵌在一起，并在顶端绣上蝴蝶，走起路来有轻盈之感。

挎包也是楚雄彝族必不可少的一件饰物。挎包依各人所好、各地习俗而不同，但多绣马樱花或咪依鲁图案及各种花草下端缀串珠和红黄缨须，

三、"中国彝乡"风采

艳丽无比,为男女老少之所爱。①

5. 走出国门的"老虎笙"

地处云南地理中心,以山清水秀,民风淳朴,物产丰富和民族文化底蕴深厚而著称的双柏县,在境内发掘整理出的彝族创世史诗《查母》被视为彝族的根谱,被联合国有关机构收藏;彝族叙事长诗《赛玻嫫》被译为英文在国际上发行;《彝文医书》的成书年代比李时珍的《本草纲目》还早;彝剧雏形《阿佐分家》从清朝乾隆年间就演绎流传下来;祭祀虎图腾崇拜的"老虎笙",追求光明的火图腾崇拜的"大锣笙",裸体纹身反映生息狩猎的"小豹子笙"为双柏所独有,被专家学者称为彝族文化的"活化石"、"民族民间文化的宝库"、"中国彝族虎文化的故乡"。

20世纪80年代后期,双柏浓郁的民俗文化及其较高的史料价值,吸引着国内外的报纸、杂志、电视台、电台、互联网等传播媒体接踵而来;美国、法国、日本及广州、上海、北京、中国台湾等地专家学者慕名来到双柏,潜心考察;双柏

---

① 杨甫旺 李德胜主编《楚雄彝族文化史》云南民族出版社2011年10月第1版第64-65页。

民族艺术团将老虎笙、大锣笙、小豹子笙、天鹅笙等民族歌舞进行艺术加工改编，搬上舞台演出。1987年"老虎笙"开始走上舞台，引起媒体和学术界的关注。此后，日本、法国、中国台湾、香港和中央电视台、珠江电影制片厂、深圳影业公司、省、州电视台以及众多报刊杂志的记者编辑，专家、学者纷纷涌向双柏考察、采访、拍摄、报道，使"三笙"名扬国内外。

2005年6月8日至14日，在云南省文联的支持下，云南省文联民间文艺家协会、楚雄州文联和双柏县委、县政府负责协调，由双柏民族艺术团部分演员、县内部分农民及法脿镇文化站工作人员组成的双柏彝族"老虎笙"傩舞队赴江西南昌，参加由中国文联和江西省人民政府、中国民间文艺家协会主办，有俄罗斯、日本、韩国、巴西、莫桑比克等国和中国各省市37个表演队参加演出，有美国、日本、法国等20多个国家的专家学者参加研讨的中国（江西）国际傩文化艺术周活动，引起新闻媒体的关注。在开幕式、沿街大型表演和晚上的比赛演出中，"老虎笙"傩舞队所到之处都一一引起轰动，中央电视台、香港凤

三、"中国彝乡"风采

凰卫视和《江西日报》、江西电视台等数十家新闻媒体争相报道,沿街观看表演的近10万观众被"老虎笙"古朴、神奇的表演形式和原始、奇特的服装所吸引。双柏彝族"老虎笙"傩舞队获得比赛金奖,受到中共云南省委宣传部、省文化厅、省文联等部门的表彰。双柏彝族"老虎笙"傩舞队演出获得成功,向全国、全世界证明双柏是"中国彝族虎文化"的故乡。

2005年10月,双柏80多人"三笙"民族歌舞应邀参加四川省首届冬季旅游发展大会开幕式的演出,再次向外展示了"中国双柏彝族虎文化"的风采。

2006年10月20日至25日,双柏民族艺术团毕正良一行6人带着法脿小麦地冲的彝族老虎笙到韩国参加韩国第四届假面舞(傩礼)民间艺术节演出及学术研讨会,荣获傩文化演出创作贡献奖。

2006年11月26日,在楚雄州文联、州文化局、州民委、州计生委、双柏县文联和法脿镇党委、政府的共同努力下,拥有100多人的"双柏县法脿镇麦地村委会小麦地冲老虎笙协会"挂牌成立,使多年散落在民间的彝族老虎笙舞蹈终于有了自我管理、自我创新、自我发展的"家"。

2007年底,双柏艺术团演出的彝族老虎笙又应邀到北京参加国际音乐理事会第32次年会的演出,并在北京舞蹈学院、中央民族大学先后演出了5场次,受到有关方面的高度好评。2010年2月1日至4日,中央电视台新闻频道春节特别节目组著名节目主持人敬一丹一行和"走遍中国"节目组分别到双柏拍摄专题节目《与虎为伍的人》老虎笙特别节目在中央电视台播出,让虎年的春节家家户户一打开电视就能看到小麦地冲彝族老虎笙,进一步提高了彝族老虎笙的知名度。

近年来,双柏县委、县政府高瞻远瞩、审时度势,连续举办虎文化节,积累了举办重大活动的成功经验,扩大了双柏的对外宣传,展示了双柏民族民间文化的独特神韵,提高了双柏县的知名度和影响力。以"三笙"为核心的"彝族虎文化"正在走出国门,走向世界,在以外界广泛交流的过程中得到不断发展,现已成为彝州一道亮丽的风景,对外交往的名片。①

---

① 文有贤著《文化事业发展—楚雄现现象》,云南人民出版社2011年6月第1版第88—90页。

三、"中国彝乡"风采

6. 丰富多彩的民族节庆活动

楚雄州民族风情浓郁,民间传统节日丰富多彩,据统计全州民族民间节日多达42种,可谓"月月有节庆,周周有活动"。不仅有传统的汉族节日,而且有许多少数民族传统节日。千百年来,这些传统节日展示了独特的地域文化风采,是各民族情感的纽带,对于促进民族团结进步,推动地方社会、经济、文化的发展取到了积极的促进作用。现将楚雄州志办编《大美彝州——楚雄州情读本》相关节庆整理介绍如下:

火把节 每年农历六月二十四日,当北斗正下(北)指的大暑之日,正是"斗转星移"这际,也是彝族十月太阳历的新年,彝族群众开始过"火把节"。该节日原为彝族和彝语支各民族特有的节日,有着广泛的群众基础,覆盖了楚雄州所有的彝家山寨。明末清初,境内汉族和其他民族受彝俗习染,也有了过"火把节"的习俗。

作为彝族人最隆重的节日,节日期间,彝家山寨杀猪宰羊,男女老幼集中到火把梁子举行赛装、赛美、对调子、斗牛、摔跤、骑马、射击等活动。夜晚,点燃火把,围着火把尽情歌舞,通宵达旦。楚雄城区则彩灯齐放,火把通明,人如潮涌,在桃源湖、彝人古镇、太阳历文化园等广场上人山人海,欢歌载舞,彻夜狂欢。

1981年,楚雄州人民代表大会将火把节确定为全州法定节日,此后每年均在州府鹿城举办为期3天的节庆活动。2005年,"火把节"被列入首批国家级非物质文化遗产保护名录。2006年后,以中国彝族文化展演会和云南民族民间文化博览会丰富节庆内容,逐渐形成"两会一节"的办节模式。古老的火把节,已成为楚雄州弘扬民族文化、促进对外开放的一张亮丽名片。

三月会 是牟定县历史最悠久、规模最大的民族盛会。三月会由来于古代帝王封泰山为东岳,建东岳庙,于每年农历三月二十八日为祭祀日。牟定东岳庙会也与此日相同。后因庙会人数较多,商贾参加,各民族参加,彝族歌舞在三月会中热闹起来,逐渐由庙会演变成为物资交流会和民族歌舞盛会。牟定赶三月会,始于何时,现在已经无法考证。清康熙《定远县志》载:"三月二十八日,就城外南郊东岳宫赶市,四方远近商贾汉彝辐辏,买卖农器货物。至四月初二日方散。"又

三、"中国彝乡"风采

载"至晚,男女百余人,嘘葫芦笙,弹月琴,吹口弦,唱夷曲至县署二堂,跪拜二堂,跪拜官长,就阶下环围,跺左脚至更余方散……"每年农历三月二十七、二十八、二十九这3天,邻近州县汉、彝、苗、回等民族群众及远近商贾纷纷汇集到牟定县城参加三月会。主要交流大牲畜牛、马、驴、骡、药材、犁、耙、篾帽等农具及日用百货。以彝族为主体的"左脚舞"通宵达旦,即是民族贸易的盛会,又是民族歌舞的盛会。

1981年前的三月会,在城南东岳宫附近的田坝里进行,1981年县城新南路建成后,在新南路进行。三月会在"文化大革命"中曾一度以农事活动有影响为理由,做过改变,称"三月物资交流会"。1986年4月10日,牟定县人民政府正式发出文告,恢复民族传统的三月会,仍以每年农历三月二十七、二十八、二十九日为三月会会期。节庆期间,县城闹事摆摊搭棚,省内外商贾、邻县各民族群众前来参加。赶会人员每年10万人次以上。左脚调经典调子"三月会三月街,四面八方有人来;又做买卖又跳歌,彝族人民喜心怀"、"三月会三月街,三月会上做买卖;郎买弦子妹买线,弯脚弯手跳起来。"正是三月会真实情况的反映。

近几年来,牟定县着力打造左脚舞文化品牌,在"三月会"期间举办左脚舞文化节,通过各种文化展演、展播、展览、巡游、文化论坛等活动,让来自全国各地的旅客感受到牟定地域文化独有的魅力,"三月会"注入了新的活力。

插花节 插花是颇具特色的彝族传统节日,以大姚县县华山区的节庆活动尤为隆重盛大。每年农历二月初八,从金沙江畔到哀牢山麓,各地彝族都要举行一个颇具特色的节日——插花节,又称马樱花节,其中又以大姚县华山区最为隆重热闹。节日当天当地彝族群众早早地把从山中采回马樱花等鲜花,插在房门、农具等地方及一些神位上。彝族群众就要早早地将从山上采回的马樱花插在各家各户的门头、窗口、房角、畜厩、农具以及敬奉祖灵和土主、山神的神位上,相互间也把马樱花戴在头上、胸前,祝愿人寿年丰,日子美好。中午,人们穿着节日盛装,胸前佩戴马樱花,背着米酒、干粮、肉食,从四面八方涌向昙华山,人们身着节日盛装在昙华山中欢聚一

三、"中国彝乡"风采

起唱歌跳舞,举行祭花活动,并且互相插戴马缨花,表示美好祝愿。夜晚,漫山遍野燃起一堆堆的篝火,人们围着篝火"打跳"。丛林间,一对对情侣互诉衷肠。相传很久以前,昙华山上有一个聪明美丽的彝族姑娘叫咪依鲁,为使众姐妹免遭土官的凌辱,从山上采下一朵含有剧毒的白色杜鹃花,只身闯进土官府,将花放到酒里,与土官共饮身亡。青年朝列若狩猎归来,得知心上人已离去,悲痛万分,走遍昙华山的群山峻岭,眼泪哭干了,流出滴滴鲜血,把满山的白杜鹃染成红色,从此,昙华山就开遍了鲜红的马樱花。大姚彝族插花节名扬海内外,被列为世界一百个著名的民族传统节日之一,2009年列入云南省非物质文化遗产保护名录。昙华乡因为是"中国彝族十八月太阳历"发祥地,中国"彝剧"的诞生地、咪依噜的故乡,被国家文化部授予的"中国民族民间艺术之乡"。

赛装节 是一个充分显示彝族人民聪明,勤劳,能干的节日。赛装节作为永仁彝族群众的一项传统民俗活动,至今已传承1300多年。相传很久以前,有彝族兄弟俩来到永仁直苴的泥泽薄打猎，发现这里山清水秀。当兄弟俩弯腰喝水时，箭筒里突然掉出3粒金灿灿的谷种，他俩就把谷种种到地里。秋天来了，遍地的谷穗长得像马尾巴一样又粗又长。消息传开，附近村寨的乡亲都跟着搬到这里，过上了安居乐业的日子。为报答兄弟俩的功劳，村民们都争着为他们说亲，而他俩的择偶条件是姑娘必须有一双巧手，能将各种花草、树木、鸟兽精心绣在自己的衣服上。于是，人们决定在来年的正月十五这一天举行服装比赛。到了节日这一天，姑娘们盛装而出，兄弟俩都找到了自己的意中人。从此以后，就有了直苴彝族的赛装节。每逢节日，永仁直苴和大姚桂花等地的彝族，小到六、七岁的小女孩，大到七、八十岁的老太太，都纷纷穿上自己最心爱、最漂亮的绣花衣裳，成群结队赶到直苴。赛装场上，色彩缤纷，满眼都是花花绿绿、五颜六色的鲜艳服装，令人叹为观止。近年来，直苴赛装节倍受外界关注，云南省委、省政府审时度势，把永仁县中和镇直苴村的彝族赛装节打造成为"民族赛装之根"；把楚雄州打造成为全省民族赛装文化节的核心基地和永久举办地；把"七彩云南2017民族赛

三、"中国彝乡"风采

装文化节"打造成为"国内一流、世界知名"的民族赛装文化节品牌,力促云南旅游文化产业、民族服装服饰产业和会展产业发展,强力推动云南民族文化走向全国、走向世界。

花山节 又叫踩花山,每年五月初五日举行,是禄丰、武定、元谋等县苗族人民的盛大节日。相传古时候,苗族曾被重兵包围,苗民在包围圈中央立一根木杆,拴山羊、绵羊各一只,中间放上青草,羊蹄下各置一面大鼓;羊为争食拼命挣扎,踢得鼓声不停,以此迷惑敌方,使突围成功。为纪念这次胜利,苗族同胞每年都要在这个时候举行一次庆祝活动,杀羊宰牛,吃团圆饭,组织武术比赛和唱歌跳舞,此时正是山花烂漫的季节,"花山节"由此得名。每到节日这一天,四面八方的苗族群众穿着精心缝制的盛装来到集会场,吹起芦笙,跳起欢乐的芦笙舞,同时还举行穿花衣、斗牛、赛马、射击、射弩及篮球比赛等节日活动,进行商品物资交流。

窝巴节 是傣族祈求丰收的节日,于每年农历三月初七在大姚湾碧一带举行。"窝巴",傣语意为鱼的聚会,窝巴节原意旨在祈求渔业丰收。

相传古时候外族入侵,傣族的祖先禄拜王不幸战亡,傣家人在王子青哥和公主红妹的带领下,英勇奋战,终因寡不敌众,败退到金沙江边,青哥、红妹也被敌人抓获,关进江边岩洞。敌人为把傣家人斩尽杀绝,勾结江崖中一种叫石蛾的妖魔来残害傣家人。石蛾兴风作浪,黑云翻滚,江水暴涨,山岩垮塌,眼看受尽折磨的傣家人就要遭受灭顶之灾。关键时刻,青哥、红妹奋力冲出山洞,与石蛾展开殊死搏斗,终于杀死石蛾,使江水退落,山岩稳住,挽救了傣家。从此,傣家人便在金沙江畔安家,过上安居乐业的日子。但在与石蛾的搏斗中,青哥、红妹中了魔法,变成了青鱼和红鱼。为了纪念他俩的功绩,每到农历三月初七这一天,傣家男女老少就会穿上鲜艳的民族服装,背着佳肴美酒,来到金沙江边,载歌载舞,举行纪念庆祝活动。节日以祭奠鱼神为主,同时举行泼水、歌舞、土特产交易等活动,持续3天,参与活动的各族群众达数万人,场面十分热闹。[①]

[①] 参见楚雄彝族自治州地主志办公室编《大美彝州——楚雄州情读本》云南人民出版社2013年8月第1版83—92页。

四、历史人物

话说人以地名,地以人传。楚雄,古称威楚,这一名称的由来就与历史上两个著名人物有关:一个是人们熟悉的庄蹻,楚国的将军(一说是农民起义军首领)。春秋战国时,庄蹻入滇,以"兵威"平定滇池及其周边的楚雄地区。另一个名叫威楚,彝族部落的酋长,时间大约在公元342年(晋咸康八年)前后,这个部落首领在楚雄市西郊山麓建起一座土城。清宣统《楚雄县志》载:"楚雄之名,始自战国,庄蹻开滇略此,曰楚……考之舆图,威楚相沿已久,地当省垣门户,雄镇迤西八府。明以楚雄名之,殆取楚地雄威远播之义欤?"。郭沫若先生也有诗云:"庄蹻通滇肇锡名,楚威远振古边城"。此后,到宋朝云南大理国时期,在威楚城外,又有了一座外城,名叫德江城。本书的历史人物就从这位德江城主人说起。

夷中君子高量成

高量成,生卒年不祥,约生活在北宋末年和南宋初年,是大理国地方政权高氏家族中一个重要人物,曾担任大理国相国和护法公。

自从唐代天宝战争之后,唐王朝便失去对云南的控制。此后直到元跨革囊,忽必烈率蒙古军攻陷大理,段氏政权覆灭,近500年间,楚雄地区经历从唐南诏国到宋大理国地方割据政权时期。大理国初期,高氏家族开始登上大理国政治舞台。高量成的先祖高升泰是大理国段氏地方政权开国元勋,祖父高泰明是大理国相国,父亲高明量封于威楚(即楚雄)。高量成幼年孤弱,却英智过人,有远大抱负。在他青年时代,宋王朝内忧外患,大理国也处于动乱之秋,"四夷八蛮,叛逆中国(即大理国),途路为猬毛,百姓离散"各地豪强争夺,民不聊生。宣和元年(1119年),大理国东部的三十七部少数民族再次叛乱,镇守高明清战死,高量成率兵平叛,战功赫赫。楚雄紫溪山摩崖《护法明公德运碑赞》称高量成:"公领义兵,率乡勇,扫除烽燧,开拓乾坤,安州府

四、历史人物

于乱离之后,收遗民于虎口之残,四海清肃,路不拾遗",被段氏敕封为"中国公"。

南宋绍兴十一年(1141年),高量成被封为大理国相国。此后,他忠勇为国,勤于政务,在内政、外交和军事上很有建树,使大理国一度呈现中兴景象。段氏国王感于他的德行,再敕封他为护法公。绍兴十八年(1148年),"三十七部"又一次叛乱,高量成率大军征讨,待平定回朝时,其侄高贞寿也踞相位。高量成见事已至此,为避免祸起萧墙,乃宽容大量,正式让位与侄,回到楚雄封地,于城中建府第,又隐居于城西紫溪山。次年,一位由中原地区流落入楚雄的进士为高量成撰写《护法明公德运碑赞》,将他与古之名相子产、管仲相提并论,说他不计名利,功成身退,"功业盖天地,道德高古人",甚至"德比周公",虽不无溢美之词,但说明他确实是大理国一位杰出人物;虽然已经离开政治权力中心,但威楚高氏府第因他而仍然是大理国重要政治舞台。《碑赞》这样说道:"公之居处,仲尼有云:仁智者也。四夷八蛮,累会于此,八方群牧,累盟于此,虽夷狄之深仇,部曲之怨恨,到此善归方寸,

□□冰释"。紫溪山林深泉幽,是一方难得的风水宝地。高量成在这里"兴修白马,喜建伽蓝,众山兰若,无不周备",使之逐渐成为云南佛教胜地。《碑赞》云:"明月侍座,清风扫门,喜听法鼓明心,不闻尘嚣聒耳",描写的就是当时高量成在紫溪山的生活情景。同时,高量成也关心民间疾苦。《滇系》记载:"高量成,段氏相也。避位不仕,筑城于楚雄德江村。优恤孤寡,教诲子弟,风俗翕然丕变,称为夷中君子。"

彝族英雄自久

自久,元末明初姚安人,彝族农民起义首领。

自久出身贫寒,自幼有勇力,兼具慷慨仗义之心,渐长则屡为民解忧,深受当地彝民爱戴,被推为首领。当时,他的家乡姚安东山麓常遇旱灾,庄稼颗粒无收。自久率彝民开乌鲁溯(乌鲁系彝语),蓄水灌溉田地,使东山区连年旱涝保收。后人念其功绩,将乌鲁溯改名"自久海",当地人又称"紫究海"(紫究系自久音变),至今仍在发挥作用。

明洪武十四年(1381年),明军进讨云南,万里征战,后勤供应不济,只得"就地打粮",

四、历史人物

地方官吏、土司也勾结官军，苛虐百姓。姚州知州田本、通判王俊、吏目杨信实等人将东山麓作为"纳粮"重点，借机中饱私囊，民怨一时沸腾。

明洪武十六年（1383年），自久率当地数百名彝族兄弟揭竿起义，在寨子山安营扎寨，反抗官军，附近各族群众纷纷响应，声势浩大。义军西至品甸，东到牟定，不久攻陷姚州，杀知州、通判等人，威慑迤西州县。官军闻之丧胆，土官高保、高惠逃奔大理求救，自久乘胜北上，攻克白盐井（今石羊镇），俘获提举熊以政。云南总督沐英调大军前往镇压，义军寡不敌众，张光远、阿普等首领战败身亡，自久被俘，被押解至南京。经朱元璋亲自审问，晓以大义，自久表示愿意归顺朝廷，遂被授予燕山卫指挥之职，参与镇守北疆，并准许世袭其职。

自久的英雄壮举一直受到后人怀念。至今在当地仍有以他名字命名的自久寨。他母亲也被当地彝族奉为瓦平娘娘，并立庙塑像，四时供奉。

彝族土司凤英

凤英，彝族，原名阿英，明弘治元年（1488

年）袭武定军民府土官知府。弘治三年（1490年）入京朝觐，受明孝宗赐姓"凤"，始名凤英。

凤英担任武定军民府土官知府期间，凭着强大的地方实力，为维护国家统一、反对地方割据势力，南征北战，屡建功勋。其中较大的军事行动有：弘治十三年（公元1500年）奉命征讨寻甸竹子箐梁王山，因军功卓著晋升为亚中大夫，受赐宝钞1600贯、彩缎八表里；弘治十五年（1502年）征贵州普安有功，晋升为云南布政司右参政；正德二年（1507年），征师宗豆温乡，得明武宗破例赏赐"尽忠报国金带"一具。时人称颂凤英："天生世守身堂堂，文谋武略真殊常；膂力过人善骑射，胸中筹策更无双；帐下相随多才俊，一心一德以身殉；忠肝义胆俱凛然，田文多士畴堪并；左右赞襄不避难，奋勇就敌敢当前；折馘执俘风烟熄，边疆安靖人民安"。自明初以来，大批汉族军民进入武定屯田，彝、汉交融，经济社会长足发展。为改变彝族长期"以牧养为主"的状况，凤英实行"开辟田野，教民稼穑"方针，提倡和鼓励彝族人民学习汉族农耕技术，促进当地农业经济的发展。同时，凤英积极倡导学习汉族先进文化，并以身作则，让儿子凤朝明"涵沫经业""早补滇庠诸生"，促使以儒学为代表的汉文化在武定彝区得以广泛传播。凤英曾刊刻大量彝文书籍，为保留发扬彝族文化作出很大贡献。今禄劝县境内镌字崖彝文碑，便是他征战凯旋之后，"偕宾佐泛舟掌鸠河，勒功石壁"时所刻。如今能征集到的彝文古籍木刻版印本，多属明代中期雕版印刷，这个现象与凤英的鼓励和提倡有很大关系。清代著名学者檀萃评价凤英："英之在官也，正己爱民，勤于政务；四礼正家，一经教子；开辟田野，教民稼穑；历练勇武，弓马娴习；又知人善任，麾下乐为用命"。正德辛未（1511年）凤英病逝，其墓地至今不详。

姚安知府李贽

李贽，字宏甫，号卓吾，别号温陵居士，福建泉州晋江人。其一生坎坷，备受磨难，30岁时入官场，54岁后弃官为民，专事著述，是我国明代著名思想家。在他的宦海生涯中，有3年出任姚安知府，在楚雄州历史上留下了珍贵一页。

明万历五年（1577年），李贽由南京刑部员外郎出任云南姚安知府，官秩正四品。就在他赴任之前,姚安地区发生一件大事:当地铁索箐一个名叫罗思的彝族率领彝民起事,攻府城、杀官吏,受到远近各族人民拥护,后遭巡抚、总兵数路围剿,死伤十分惨烈。劫后的姚安,面临"上官严刻,吏民多不安"的情形。李贽到任后,便在衙府大堂上题写了一副自警联:"从故乡而来,两地疮痍同满目;当兵事之后,万家疾苦早关心。"

由于已有思想基础和对现实社会清醒认识,李贽上任之后,对古称"蛮夷之地"的姚安少数民族地区实行宽松政策:"边方杂夷,法难尽执,日过一日,与军与夷共享太平足矣";对民族上层人士则以礼相待,竭以至诚,"凡有一能,即为贤者"。其治姚三年,"自乃属、士民、胥吏、夷酋,无不化先生者","法令清简,不言而治"。期间,李贽为官清正,"俸钱常喜赎民劳","庙学颓圮,罄俸以营之;祀典缺废,殚力以致之"。当时姚州为洱海地区通向中原的古道要冲,但连厂河"夏秋淫雨,洪流暴涨,舟楫难施,行者有漂没之患"。为此,李贽"捐资聚石为桥,利行旅,通往来,以垂永久"。后世为追记他的功绩,

四、历史人物

将此桥易名为李贽桥,至今尚存。李贽还注重培养人才,曾于姚安城南德丰寺开设三台书院,"日集生徒于堂下,授以经义,训以辞章,日昃忘倦","簿书有隙,即与参论虚玄"。由于他的政治主张和所作所为常与上司相抵触,因此屡受打击和排斥,境遇每况愈下。正如他在《又书使通州诗后》一文中写道:"吾之居哀牢,尽弃交游,独步万里,戚戚无欢,谁是谅我者?其时诸上官,又谁是不恶我者?"在万分悲愤中,李贽于万历八年(1580年)三月"谢簿书,封库存,携其家,竟自免归。"离别时,两袖清风,"囊中仅图书数卷","士民攀卧道间,车不得发"。曾先后游大理、鸡足、威楚、昆明等地,于万历九年秋离滇,取道巴蜀,过三峡,回到湖北黄安,与女儿一家相聚,从此开始他专心从事著书,倡导"异端"思想的新生活。

李贽在姚期间,曾留下一些诗文,如《贺世袭高金宸膺奖序》《光明宫记》《龙山说》《青莲寺二首》等。在他走后,云南巡按刘维及蕃、臬两司将当时士绅名人对李贽的赠言编辑成一本《高尚册》,以彰其志。其弟子陶珽在姚安城东南隅青莲寺修建"李卓吾先生祠堂"并撰文以纪。民国《姚安县志》在评价李贽治姚时的功绩时说:"姚安以僻陋荒远之区,得此名贤,遗惠流泽,至今不灭。受人为传,志乘有光,山川增色矣!"时大理学者李元阳也赋诗赞道:"姚安太守古贤豪,倚剑青冥道独高;僧话不嫌参吏牍,俸钱常喜赎民劳;八风空影摇山岳,半夜歌声出海涛;我欲从君问真谛,梅花霜月正萧骚。"

官宦名儒陶珽

陶珽,字葛阎,号不退,云南姚安人。明万历元年(1573年)出身于一个官宦之家。因慕南齐文人孔稚圭,故又号稚圭先生、天台居士。

陶珽幼年时即聪明颖悟,志向不凡。时值李贽任姚安知府,便投李贽门下学习。万历十九年(1591年)中举。此后屡试不第,遂专心研究学问。曾寓居祖籍浙江,又到湖北麻城寻访李贽,在龙湖读书,造诣极深,时人誉为"龙湖高足弟子"。万历三十八年(1610年)中进士,从此步入官场。先后担任过刑部四川司主事、福建司员外郎、山西司郎中、大名府知府、陇右道副使、辽东兵备道、武昌兵备道等职。为官七任,皆有

四、历史人物

政声。至崇祯初年,辞官回到姚安,修缮学馆、周恤民众、讲学论文、开拓城池、议编郡乘,于地方公益事业和学术活动多有贡献。其书法造诣极深,时人仰求,"虽片言只字,皆宝若拱璧",以致"东南万里求书者络至"。据说,徐霞客游历姚安时,亦慕名前往求书。

陶珽一生,著述很多,但他对中国文化最大的贡献还体现在整理古籍上。继元末明初文学家陶宗仪的《说郛》之后,陶珽编纂并刊印《续说郛》一书,共46卷,被誉为"三百年来,其书奇不可废,明人短书小说,仅籍是以传,则纂刻之功未可没也"。另一大贡献是刊印经书《径山藏》。他打破历代王朝对佛教经典的严格限制,注意辑录有关历史、地理、人物、掌故等方面史料,特别收入一些云南地方性著述,如《古庭语录》《竹宝集》《曹溪一滴》等,为后人保存许多珍贵史料,对云南古代历史研究有重要价值。《径山藏》刊印成书后,陶珽历尽艰辛带回云南,共有"正藏"1271册、"续藏"624册,大部分藏于崀华山,少量藏于妙峰寺,后移至姚安活佛寺。现珍藏于云南省图书馆,堪称"海内孤本"。

忠节公王锡衮

王锡衮,字龙藻,号昆华,云南禄丰县人,明朝末年著名忠臣节士。

王锡衮出生于该县大北厂村,生年不详,只知少年时随父攻读,天资聪颖,颇有文思。万历四十三年(1615年)中举。天启二年(1622年)中进士,入翰林院任庶吉士。三年后授检讨编撰之职,参议政事。时值明末朝政腐败,内忧外患,王锡衮为官清正,敢于犯颜直谏,为朝野称道。崇祯皇帝很想起用王锡衮,曾对他说:"尔王锡衮,万里孤踪,独无党援,朕命尔为吏部左侍郎,清理诠政。任用务须得人,倘有奸宄,许尔不时密奏。"当崇祯问及朝中谁可当大事者,众臣极力推荐王锡衮,但终因权党从中作梗而落空。

崇祯二年(1629年),清兵入侵,崇祯误信谗言,将兵部尚书袁崇焕下狱。王锡衮上疏为袁崇焕申冤。崇祯七年(1634年),清兵进逼北京郊外,朝野上下惊惶失措,王锡衮上书力荐卢象升任边事,崇祯嘉纳。崇祯十三年(1640年),王锡衮由詹事府迁任少宗伯,执掌翰林院事务,教习馆员,纂修《玉牒》《实录》等典籍,总裁

四、历史人物

《经筵日讲》,著有《进呈御览讲章》(三卷),《经书解义》《溪适草》等诗文十卷。不久,升礼部左侍郎。次年以礼部左侍郎执掌礼部尚书事,曾疏请罢免东厂,驳龙虎山真人邪说。

崇祯十六年(1643年),王锡衮因母亲去世归乡守孝。次年,清兵入关,明朝灭亡。崇祯十八年(1645)年,唐王朱聿键在福建称帝,次年诏拜王锡衮为东阁大学士、礼部尚书兼兵部右侍郎,总督云、贵、川、湖、广五省军务,令其调兵勤王。王锡衮奉诏出家财、募乡勇,于同年七月赴昆明,寓居贡院,会集南明忠臣共商大计。时值元谋土司沙定洲在昆明发动兵变,黔国公沐天波西逃。沙定洲将王锡衮软禁在贡院,欲迫使王锡衮保举他取代沐氏镇守云南,遭到严词拒绝后又假借王锡衮的名义伪造荐疏上呈。王锡衮忧愤交加,作《风节亭恭记》并赋诗三首,表明自己"指日誓天惟报国,一诚必定挽颓波"的信念。孙可望、李定国率兵入滇,沙定洲战败,欲挟持王锡衮西行。王锡衮不从,于永历元年(1647)四月十九日遇害于贡院至公堂,永历帝追谥他为"文毅公",史书称为"忠节公""文毅公"。

后人景仰王锡衮忠君爱国的品行,将他列为云南五大节臣之一,在禄丰县修建文毅公祠堂祭祀。今云南大学会泽院风节亭尚存,其后裔王武科辑有《王文毅公文集》。

禅宗泰斗彻庸

彻庸,俗名杜初,明万历十九年(1591年)出身于大理宾川县。9岁丧父,因家道贫寒,11岁时母亲将他送到鸡足山大觉寺拜偏周法师为师,改名周理,初号彻融。由于他天资聪慧,被视为重振云南禅灯之人。

一次彻融云游至姚安青莲寺,巧遇从外地做官归来的姚安进士陶珽。其时陶珽之名早已传遍滇中,于是名士、高僧,相约寺中,彻夜长谈,由佛经《华严》谈到儒学《中庸》,义多灼见。受陶珽赏识,乃易融为庸,遂易名为彻庸。大姚妙峰山奇峰拥云,诸峦竞秀,彻庸遂起开山建寺之意。历经数年奔波,于明天启六年(1626年)建成以大雄宝殿为中心的妙峰寺院,内藏佛经千余卷。此后香客游人四时不绝,奠定了妙峰山德云寺在滇中佛教中的地位。明末大旅行家徐霞客

四、历史人物

曾游住该寺,留下《宿妙峰山》一诗。诗云:"路织千山积翠连,穷边欲尽到天边;峰留古德云还在,界辟诸天月正悬;狮窟吼风随法鼓,龙泉喷玉护金莲;我来万里瞻慈筏,一榻三生岂偶然。"

彻庸圆寂于明永历二年(1648年)。圆寂前召众书偈曰:"生也如是,死也如是,梦幻空花,物恒顺常如是。"其平生著有《曹溪一滴》《响谷集》《梦语摘要》《语录》等书,培养了无住、非相、担当、洪希、学蕴等高僧,被誉为明末清初云南禅宗泰斗。

著名诗人刘联声

刘联声,字毅庵,云南楚雄县人。清代嘉庆《楚雄县志》称他:"少孤,家贫,孝母,通经史,文辞典雅,尤工诗"。清顺治十四年(1657)秋,刘联声应考永历小朝廷在滇乡试,中举人。次年清军入滇,永历帝仓皇西逃。刘联声未及授职,便经历了"亡国"之痛,由此抱定不赴试、不受官的态度,将毕生才华与心血倾注在诗歌创作中,成为明末清初云南著名诗人。

刘联声早期诗歌创作关注现实,忧国忧民,

表现出强烈爱国情怀。他在《猎骑》一诗中写道:"处处飞鸣叫远天,将军暇日正游畋;马嘶断岭云边树,人渡斜阳谷口烟;月落孤村犹唤酒,鸡啼野寺尚扬鞭;秋郊猎罢归来晚,千里遥看草色连"。此诗讽刺南明小朝廷局势已危如累卵时,李定国却率部游猎作乐,颇驰武备。当吴三桂坐镇云南后,许多有民族气节的文人都归隐林泉,以琴书自娱,刘联声的诗歌创作也进入了一个新的时期,许多咏物诗中多凄恻婉曲之语。如绝句《雪中牡丹》隐喻诗人洁身自好,甘于淡泊而不为世人理解的惆怅:"琼楼深处佩珊珊,疑是仙姝下广寒;一片冰心人不解,月明空傍玉栏杆"。康熙朝在平定吴三桂叛乱后,战争创伤逐渐恢复,社会安定,许多前朝文士开始抛弃民族偏见,刘联声的思想也发生转变。如《寄徐给事诗二首》:"燕台一去八经霜,几度家书忆草堂;凤岭秋高青桂老,龙池春暖白蘋香;云开紫陌临天仗,烟绕彤墀捧皂囊;闻道圣朝无阙事,还期补阙报君王"。晚年刘联声,诗歌艺术造诣达到更高境界,创作了不少描写家乡景物的佳作。如《登峨峰有感》:"峨峰高出万峰群,俯视川原日影曛;复阁

四、历史人物

夹城双塔近,危桥截水一江分;书藏古洞人何在?石响空山客不闻,惆怅当年欢笑处,苍苔一片枕闲云"。总观刘联声的诗作,或托物寄兴,或借景寓情,或吊古伤今,个人家国身世之感,每融于篇中。前人指出他的诗深得唐代诗人杜甫、刘禹锡等精髓,笔力苍劲,意境沉郁。他的诗集《脉望斋诗草》曾于清初刊刻问世,至"乾隆中被列入违碍书籍类,奏毁数次。幸《滇南诗略》录诗三十二首,《滇诗拾遗补》录诗十二首"。清末,李根源曾辑录刘联声诗作,编为《脉望斋残稿》,并发表于《国粹学报》第六十五期。其中《阿盖妃》一诗,记述元末梁王指使女儿阿盖用孔雀胆剧毒暗害其夫大理总管段功、阿盖却劝丈夫返回大理、段功被刺杀后她也自杀身亡的一段史实。诗云:"嘹嘹孤雁绕宫帷,梁国奇传阿盖妃;雀胆阳收全父命,兰缸暗剔劝夫归;西山松老秋风冷,东寺钟残夜雨微;云片波粼成往事,苍山遥望泪沾衣"。民国时期郭沫若读到这首诗,始"知道有阿盖的存在",后来重新找到《残稿》,据此创作了著名话剧《孔雀胆》。

土官名儒高映

高映,字雪君,别号问米居士,又号结璘山叟,姚安府世袭土同知,清代云南著名学者。

高映于清顺治四年(1647年)出生于一个名门世家,是大理国相国高升泰之后,其父曾任南明永历政权太仆寺正卿。高映自幼聪慧,"嗜书成癖,过目成诵"。相传永历帝据昆明时,年仅8岁的高映随父入朝,永历帝将他抱在膝上,试问"八岁幼童";高映脱口而对"三代知府",令永历帝赞叹不已。又传高映能不眨眼地看太阳,被乡人誉为"双目贯日"。

清顺治十六年(1659年),清军入滇,永历帝西奔缅甸,高映的父亲义不仕清,入昙华寺为僧,将姚安府土同知传给高映。顺治十七年(1660年),年仅13岁的高映考中秀才。康熙十三年(1674年),吴三桂起兵反清,才华出众的高映被吴三桂强令出任四川按察使,领四品衔,并巡视川东。不久高映便"托疾挂冠",回到姚安。康熙二十年(1681年),清军占领云南,高映联络各地土官击溃吴三桂残部,被清王朝授予参政职衔,但随后他便将世职传给长子高映厚，自己到姚安县城西北二十多里的结璘山中隐居，建造书馆，潜心讲学和著述。他将建于山中的藏书楼取名为"拂雪岩"，藏书编为10号，每号千余卷。史载川、滇各地门生慕名前来求学，在他教过的高门弟子中，考取进士的就有22人，中举47人，后人称其"桃李满南中，著作贯一州"。康熙四十一年（1702年），云南提学王之枢延请他纂修《鸡足山志》，高奣映亲至实地考察，仅八个月就编纂而成，不仅体例完备，资料翔实，且文辞典雅，令王之枢叹服不已，以"德庸学邃"4字赞誉他。期间，高奣映遍游苍山洱海，写出诗集《妙香国草》。纵观其一生，著作81余种，内容涉及佛学、道学、史学、诗词、音韵、民族、地理、经济、天文等，惜多已散佚，留存下来的主要有《太极明辨》《金刚慧解》《道德经注解》《庄子寻脉》《迪孙》《增订来氏易注》《鸡足山志》《妙香国草》等。其学术思想和成就对云南历史文化的发展产生重要影响，后人对他评价较高，认为可以和清初著名学者顾炎武、黄宗羲、王夫之等相并列。

高奣映虽然才高识卓，却能与普通百姓交往，处世旷达,史称"好公益,喜施济",举凡兴办学校、崇简助婚、赙丧救济、养老助产、掩骼施棺等,均带头捐资倡导,乡人称他为高老先生。晚年的高奣映,自铸两尊铜像:一呈"平"字形,惜已被毁;一呈"安"字形,著明代装束,头枕葫芦,瞑目酣睡,神态自若。康熙四十六年(1707年),高奣映病故于结璘山中,终年61岁。如今,登临大姚县昙华山,林间峭壁上仍可看到高奣映镌刻的一首诗:"柴门虽设未尝关,闲看幽禽自往还;尺壁易求千丈石,黄金难买一生闲;雪消晓嶂闻寒瀑,叶落秋林见远山;古柏烟消清昼永,是非不到白云间。"

"三绝士子"刘荣黼

刘荣黼,字榘堂,晚年号怡云老人,云南大姚县人,清代著名文人。

刘荣黼于清乾隆三十八年(1773年)出生在一个官宦世家。其父致仕回乡后,以教授生弟为业。刘荣黼幼承家学,才识过人,不仅能文能诗,且工于书、画。嘉庆十三年(1808年)乡试中举;十七年中进士,入翰林院充庶吉士。不久升翰林院编修,许多奏折文稿皆出自其手,在京城

四、历史人物

享有"诗书画三绝"美誉。曾参与修纂《大清一统志》,又为家乡著有《大姚县志》七篇。嘉庆二十一年(1816年)外放为贵州遵义知府,在任期间,清理积案,疏通堤坝,赈济灾民,整治陋习,又重修湘山书院,新建培英书院。至离任时,"五城父老扶掖来送者如趋市",当地一位画家将此盛况画成一幅画卷相送,刘荣黼深为感动,遂在画卷上题诗明志:"我身虽去言尚存,传述更期还辗转;能有涓滴及民生,胜饮诸公百壶钱。"

嘉庆二十四年(1819年),刘荣黼升调贵阳知府。时值邻省灾荒,大量灾民涌入府南番州土司辖地,煽动当地苗民闹事,巡抚闻讯决定调兵前往镇压。刘荣黼在上书抚署劝阻发兵的同时,自己则轻装简从,深入土司境内明察暗访,并寻机捉获为首闹事者,胁从者闻风而散。当巡抚派出的官军到达时,事件已经平息。他在一首诗中记录此事:"我窃微言告幕中,人生遇事莫生风;古来酿祸殃民者,半为庸人想立功。"由于他的正直与无私,虽在任上做了许多有益之事,但其书生禀性却不能容于官场,终因"谳案"招致上司弹劾,被牵累降级。道光二年(1822年),刘荣黼"因公落职",返回大姚故里,时已年届五十。乃"家居杜门,以培养后进为己任"。他辞谢了省府让他主修省志和主讲五华书院的延请,一心为振兴家乡教育文化而努力。他主持大姚日新书院,并在住所之南盖三间茅屋,专门接待登门求教者,人称"榘翁草堂"。设教十余年,从游者日众。

咸丰二年(1852年),刘荣黼病逝于家中,享年79岁。他的一生,虽然几度身居显位,但终不染官场恶习。长期潜心于学问,晚年尤笔耕不缀。有《榘堂全集》问世,其中《榘堂诗草》收录诗作千余首,时人谓之"学足于华其才,气足于赴其识,纵横万里,上下千年,老辈畏此后生,同学推为巨手,固当代之作者,非仅一时之家也。"(周师《榘堂全集跋》)。惜《榘堂全集》和大部分诗稿已经散佚,仅存诗作百余首。近人方树梅评价其诗:"意旨遥深,笔力苍老,古近体皆佳"。如他的《七律·登岳阳楼》一诗,有较高的思想意境:"鸿都鄂渚登临遍,大好风光让此楼;山走苍梧开九甸,湖通青草浸巴丘;绝怜词赋人皆古,除却神仙世所浮;放眼东南方待哺,

四、历史人物

敢忘后乐与先忧。"如描写家乡石羊的《盐井》一诗,对民生疾苦的关注发自内心:"马西旧志领盐泉,生计牢盆自昔传;疆域因时殊广狭,古今大利出山川;莹莹素积三尺雪,冉冉波熬几炊烟?惆怅居人多茹淡,囊中羞涩阮郎钱。"

刘荣黼不仅工于诗,且擅书、画,尤长于山水画。其所作《大姚山水画卷》,诗、画相映,体现出极高的艺术水准。惜画作已佚,仅《大姚山水歌》流传至今,最为人们称道。

哀牢夷雄杞彩顺

杞彩顺,云南镇南州(今南华县)马街乡秀水塘人。出生于贫苦家庭,早年因胆识过人,急公好义,深得当地穷人拥戴。

清咸丰三年(1853年),官府"诬其结众图叛",将其逮捕。在解押至镇南州城途中,一群贫苦农民将他劫释。官逼民反,他和弟弟杞彩云一起率领彝汉农民五百余人,揭竿而起,啸集山野,揭开了哀牢山区各族人民反清斗争序幕。咸丰六年(1856年)四月初七,彝族起义领袖李文学在弥渡县天生营誓师首义,以5000之众杀向蜜滴村,建立统帅机构"彝家兵马大元帅府",与大理回族杜文秀起义遥相呼应。不久，李文学派兵支援杜文秀，部将杞绍兴率部2000余人东征，从猴街渡礼社江，至打雀山联合杞彩顺义军，于同年6月7日攻下楚雄府。为抵抗清军反扑，杞彩顺率部转至城西大石铺、清源哨之间的山谷埋伏。6月9日，清军进入，遭义军伏击，死伤2000余人，杞彩顺料敌如神，英勇善战事迹一时传遍各地。不久，杞彩顺与李文学在南华境内汇合，李文学以"彝家兵马大元帅"的名义授杞彩顺为"南都督"，镇守南山下段阿雄（今马街）、西塞路（今西舍路）地区。咸丰八年（1858年）三月，杞彩顺率千余兵马，由西塞路南下进取碍嘉，驻守碍嘉的清军督办尉迟品玉是随林则徐入滇的关西人，能征善战，率三千清兵死守碍嘉城。双方相持半年之后，李文学帅府参军王泰阶率千余义军赶来支援，义军士气大振，一举攻下碍嘉城，尉迟品玉只身逃遁。战后，杞彩顺在碍嘉建立都督府。期间按照帅府"庶民原耕之地，悉为庶民所有"和"汉彝同列"政策，发动农民耕种，每年收取所获二成作为军粮；将官绅经营的铁矿、铅矿收归义军所有，炼出了有名的"碍嘉钢"。

四、历史人物

在杞彩顺的精心治理下,礓嘉出现"一方乐土"局面,当地人民称杞彩顺为"杞青天",清军则称其为"铁弹丸罗罗"。

咸丰九年(1859年)正月,杞彩顺奉帅府命领兵2000之众,配合杜文秀攻打镇南州城。五月又率部2000人攻打戛色(今嘎洒),尉迟品玉率3000清兵与义军对垒。初战受挫后,杞彩顺动员当地傣民用稻草夹以牛粪干和火药,突袭清营,大获成功,清兵大部死伤,尉迟品玉重伤身亡。随后在当地帽儿山的一次战役中,杞彩顺不幸中弹坠涧身亡。

1953年,夏正寅《哀牢夷雄列传》手稿被发现,杞彩顺等哀牢夷雄的英雄事迹在云南近代史上留下光辉的一页。

民国上将朱培德

朱培德,字益之,云南盐兴县(今禄丰县黑井镇)人。清光绪十五年(1889年)生,祖籍安宁。其父朱秉堃曾出任盐兴猴盐井山长,遂落籍元永井。朱培德少时读书之余,喜欢弓马骑射。1907年入云南昆明陆军第十九镇营部武备学堂学习。云南陆军讲武堂成立后,乃就学于该学堂第一期步兵科丙班,与朱德同学,俩人成绩最优,故讲武堂有"模范二朱"之称。期间,朱培德接受孙中山革命思想,参加同盟会。

1911年辛亥革命爆发后,朱培德参加云南"重九起义"。后出任云南新编陆军第三步兵团连长、营长等职。1915年12月蔡锷、唐继尧在云南宣布讨袁护国,朱培德出任云南护国军第二军第二梯团第一支队队长、第二十五团团长。次年被北洋政府授为陆军少将,后晋升为驻粤滇军第四师第七旅旅长,驻守广州。孙中山在广州成立护法军政府后,朱培德奉命保卫军政府大本营,多次率军粉碎北洋军队的进攻,并升任驻粤滇军第四师代理师长兼广州警备司令。时年仅30岁,借胜利之庆,与大理赵慧君女士在广州举行婚礼,孙中山先生亲自担任主婚人。1921年后出任北伐中路军前敌总指挥。1924年1月,国共两党合作,孙中山将拥护国民革命的各省军队改编为建国军,朱培德出任建国军第一军军长。1925年7月广州国民政府成立后,朱培德被选为国民政府委员,并担任军事委员会委员兼军需部长。8月,滇军改编为国民革命军第三军,朱培德任军长。

四、历史人物

1926年9月出任北伐军一路总指挥,于11月占领南昌后兼任南昌警备司令。1927年4月任江西省政府主席。针对蒋介石制造捕杀共产党人的白色恐怖,朱培德持中间态度,只是将部队中的中共代表和政工人员"礼送出境",又令方志敏等中共江西领导人全部出境,宣布南昌戒严。随后便向蒋介石请假上庐山疗养,将南昌的军政要务统由朱德处理,客观上为"八一"南昌起义提供了条件。1928年,朱培德参加第二次北伐并出任国民革命军第一集团军前敌总指挥。11月被任命为湘赣"剿匪"总指挥,嗣因战败辞职。1935年4月,朱培德被国民政府任命为陆军一级上将。

朱培德从军多年,身患疾病。1937年2月17日,因注射抗贫血药剂引发血液中毒,在南京鼓楼医院去世,年仅49岁。3月,国民政府明令举行国葬,将朱培德葬于南京小行凤凰山。2001年4月,因南京市在凤凰山兴建地铁车站,朱培德墓迁至南京普觉寺公墓。

梅花老人郭燮熙

郭燮熙,字理初,晚年自号"梅花老人",镇南(今南华)龙川镇人,云南著名文人。

·197·

郭燮熙出生于清咸丰七年（1868年），19岁考中举人。曾参与《镇南州志略》编修，又担任过该县校官、总董、教习、议员、科员等职。辛亥革命时，郭燮熙参加云南"重九"起义，后被云南省督蔡锷任命为光复史编纂局编纂官，在总纂周钟岳主持下，与赵式铭、张肇兴、刘润畴等人一起编纂《云南光复纪要》一书。1913年被委任为鲁甸县知事。在任期间，致力于发展生产，兴修水利，振兴实业，因政绩突出，奉调省署。云南护国战争期间，在《义声报》社任撰述员，为护国运动撰文呐喊。1917年，出任盐丰县知事。在任3年，大力发展教育事业，曾筹集3000两银子作为教育基金，规定"纯取子金，禁用母金"，申明"愿后之继任者、办学者，同矢热心，同贞毅力，相与维持于不弊"；又详细调查盐丰县工业经济，提出一整套改良方针，并将改良所得用于绿化荒山。这些举措，对治理战乱中的盐兴起到积极作用。针对当地世家子弟无所事事，"往往癖嗜麻雀牌"风气，郭燮熙倡导并邀集文人雅士成立"龙山吟社"，以期扭转不良社会风气。随后，郭燮熙又应当地绅士之邀出任主笔，历时

四、历史人物

8个月,编纂出12卷本的《盐丰县志》。正当县志即将完成时,却"遽遭谤去位",当时人们都担心志书会功败垂成,但他却"感慨发愤""贾其余勇,更历一月而全书告成"。事竣,便被拘传到昆明地方检查厅候审,终因劳累过度,忧愤交加,在监所病倒,待到案子审结,已吃了不少苦头。此后,郭燮熙回到家乡,自书"梅花老屋"匾额于自家门上,终日以诗画自娱。在此期间,他还编纂了一部民国《镇南县志稿》。1943年病故,终年75岁。

郭燮熙一生酷爱绘画,晚年更嗜画梅花。他画的梅花,清瘦骨立,疏淡清雅,独具神韵,曾受到徐悲鸿等名家赞扬。时滇中地区盛传"郭梅夏(育荷)字"。李根源路过镇南时,专门拜访故友,并题诗相赠:"南关亭下驻征轮,即向风尘问故人;有道先生真有道,深情赠我一枝春。"

艺苑名士赵鹤清

赵鹤清,字松泉,别署守梅仙使、退园主人、瘦仙,云南姚安县人,近代云南艺术界代表人物。

赵鹤清于清咸丰五年(1866年)出生于一个官宦世家。自幼好读书,喜绘画。光绪初年随父宦游省外，曾得到著名画家马伯瞻悉心指导，画艺大进。待年龄稍长，又与"北派"著名画家徐少甫、刘旭初朝夕相处，交流绘画技艺。光绪十一年（1885年），漫游苏、杭两地，潜心向"南派"画家沈瘦铁、张子长等学习。由此对南北两派"取其长而弃其短，自树一帜"，逐渐形成自己独特绘画风格，年方20余岁便蜚声艺坛。光绪二十三年（1897年），赵鹤清参加乡试中举。光绪二十九年（1903）入京候选，被派往八旗高等学堂、五城中学堂、求实中学堂以及八旗第三高等小学、第六高等小学任美术教员。辛亥革命前夕，赵鹤清返回云南。民国时期先后出任三勐地区镇长、他朗厅（今墨江县）长官、澜沧县知事、白盐井场知事，后到云南省水利厅、实业厅、省公署等处任职。公余之暇，不废笔墨。他卜居昆明文庙东巷小楼，自命为"云巢"，不时伏案挥毫。其作品受到省内外广泛人士的喜爱和收藏。

在近代云南艺坛上，赵鹤清算得上是一位风流倜傥、多才多艺的艺术家。他不仅精于书法、篆刻，是驰名省内外的山水花鸟画家，还勤于诗词创作，长于戏曲倚声，同时还在园林建造、盆

四、历史人物

景艺术等方面具有很高造诣。在戏曲方面,赵鹤清曾与同乡由云龙、张廷用三人合作改编出滇剧剧本《菩提女传奇》。在书法绘画方面,1915年,他的作品在美国巴拿马万国博览会荣获一等奖,其中国画作品《墨兔》获得金质奖章。同年秋,他历经数年在云南写生汇集而成的绘画集《滇南名胜图》由名家题跋付梓出版。该书以中国传统山水画的写意笔法描摹出云岭大地上178幅山川景物,每幅画作附以凝练的书法文字进行介绍和考证。一经问世,即受到各界广泛关注,被誉为"云南最早的名片"。赵鹤清尚有许多其他绘画作品流传于世,他的国画作品《一唱雄鸡天下白》创作于建国初期,画面上一轮红日喷薄而出,大地鲜花盛开,雄鸡昂首亢鸣,表现了作者对新中国光辉前程的憧憬,该画于1955年荣获"布拉格艺术之春博览会"第五名大奖。在园林艺术方面,1930年昆明市修整大观公园,赵鹤清创造性地在园内建起了一座"假山真登"的"彩云岩"。赵鹤清平生喜游历,好结交,富才情,因而诗词创作伴其一生。现存《松泉诗集》二册,收藏于姚安,共汇集作品300余首。

滇中耆硕由云龙

由云龙,字夔举,别号定庵,云南姚安县人,云南辛亥革命著名人士,成果丰硕的文化名人。

由云龙出生于清光绪二年(1876年),自幼聪明好学。光绪二十三年(1897年)中举,光绪三十年(1904)进京参加会试,因答卷中文辞锋芒而不第。他认为救国必先振兴教育,于是当京师大学堂成立时当即前往报考,1907年京师大学堂师范专业毕业后,留学日本,归国后任学部主事。不久,因家乡父老联名请求返回云南,任云南省优级师范监事。期间,他将云南各府、州、县立国民中学合并为师范中学,在"三迤"(迤西、迤东、迤南)中各设一学校,并亲任迤西(大理)师范中学监督。光绪三十四年(1908),他在昆明与钱平阶、赵星海等人创办《云南日报》,发展云南报业。

辛亥革命时期,担任云南永昌府知府的由云龙在西南边陲举起义旗,投入到反帝反封建革命浪潮中,被推举为滇西军政府协理,成为辛亥革命后云南省军政要员。袁世凯复辟帝制后,由云龙愤而投到唐继尧麾下,任护国军都督府秘书厅

四、历史人物

厅长,以护国有功荣获二等嘉禾勋章。1916年,由云龙出任云南盐运使,力主设官运局以平抑盐价,因触怒盐商遭议会免职。1920年,华北五省发生历史上罕见旱灾,由云龙出任华洋义赈会会长,奔走海外募捐,大总统徐世昌特授予他"溥惠宏施"匾额一块。靖国军兴,唐继尧出征四川,由云龙一度代理云南省长兼政务厅长。1927年,任云南省教育厅厅长,赴日本、美国考察实业,回国后致力于云南电力、自来水等公用事业创建。抗日战争爆发后,出任云南省第六届临时参议会议长。抗战胜利后,国民政府主席授予他三等景星勋章、胜利勋章。

1942年,年逾花甲的由云龙应邀兼任姚安县志局长,并担任《姚安县志》总纂,亲自参与收集资料、拟订纲目、考证史实和文字增删。在他主持下,历经7个寒暑,数易其稿,终于纂成68卷80余万言的巨著,在民国方志中被称为资料翔实、义例精严的上乘之作。云南省政府主席卢汉在《姚安县志·序》中说:"由君云龙,滇中耆硕,以七秩之高龄,负千秋之大业,胜任愉快,自不待言,矍铄忘劳,尤堪钦佩。"

中华人民共和国成立后，由云龙被选为云南省人民代表、政协云南省副主席、云南省文史研究馆筹备委员会主任。1958年，周恩来总理赴滇处理中缅划界事宜，特邀由云龙参加，对他的工作十分满意，回京时又邀其到全国政协从事文史研究工作。由云龙欣然从命，惜尚未成行便病魔缠身，至1961年去世，终年85岁。

由云龙一生爱国爱乡，新中国成立前夕，他就与亲友积极工作，主动迎接姚安解放。土地改革时，他主动将家中世代珍藏的12万多册图书捐献给云南大学、昆明师范学院图书馆和云南省图书馆。他一生勤于著述，学术成果丰硕，有《桂堂余录》《定庵诗话》《定庵题跋》《定庵文存》《石鼓文汇考》《滇故琐录》《东游日记》《北征日记》《游美笔谈》《高境志》等，还辑有《南雅诗社集》《云南乐府歌曲附民歌》等。其学术成果在云南文化史上占有重要地位。

革命英烈赵祚传、张经辰

赵祚传，字统一，云南大姚县七街乡仓西村人，中共云南省委早期领导人之一，革命烈士。

赵祚传于清光绪二十九年（1903年）出生一

四、历史人物

个书香门第家族,祖父赵寅阶是清朝甲午科进士,父亲赵竹村也是清末举人。童年时代的赵祚传,感受和同情社会底层人民的悲惨遭遇,常帮助母亲接济穷人。1919年五四运动风暴席卷全国,赵祚传积极参加"云南学生爱国会",联合大姚在昆学生开展爱国宣传活动。1922年,他倡导组织了以"培养民德,改良社会,挽救国家"为宗旨的"大姚旅省学生励志会",创办《大姚学生》会刊,并常在会刊上发表革命文章。1924年夏,他考取上海同德医科大学,但为支持哥哥的学习,毅然放弃学业回到云南,参加"云南青年努力会"活动。1925年秋,他又考取上海大学,并参加云南旅外学生革命组织"新滇社"。1926年秋,赵祚传前往广州,进入国民革命军第三军政治训练班学习,并加入中国共产党。

1927年初,赵祚传和王德三等人回到云南加强革命领导力量。3月1日,建立中共云南特别委员会,王德三任书记,赵祚传任组织委员。12日,建立"中国国民党云南临时省党部",赵祚传当选为执行委员,并兼任组织部长。他以高度革命热情投入工作,使中共地下党基层组织在短期内得到较大发展。"四一二"反革命政变后,云南当局根据蒋介石"清党"密令,突然封闭云南国民党左派省党部,赵祚传被捕,后获释。12月初,中共云南特别委员会在昆明召开扩大会议,决定建立临时省委,赵祚传仍然负责组织工作。1928年1月,龙云下令组织"清共委员会",布告通缉王德三、赵祚传等人,白色恐怖笼罩云南大地。4月,中共云南省临时委员会书记赴上海向中央汇报工作,为了继续坚持斗争,选出4人组成中共云南省特别委员会,赵祚传任特委书记。为战胜困难,党组织决定派赵祚传回大姚,以兄弟分家的名义拍卖田产,筹措党的活动经费。他深入乡村厂矿,宣传党的理论方针和革命形势,还编写了《农民四字经》,生动形象地启发贫苦农民翻身解放的希望之路,在当地群众中广为流传,影响深远。

正当赵祚传准备携带家里为他典卖田产所得款项返回昆明时,云南省政府密令大姚县长将他逮捕。1929年3月29日,赵祚传被反动政府杀害于大姚,牺牲时年仅26岁。在狱中,他给亲人和未满周岁的儿子写下遗书,表达了视死如归的革

四、历史人物

命豪情："我为主义而牺牲，我心很坦荡安然……茹尽人间无限苦，但期革命早日成。"临刑前，高呼："中国共产党万岁！"其大义凛然的英雄气概令刽子手为之发抖。他牺牲后，一副挽联这样赞道："谁说黄花岗后无烈士，且看蜻蛉河畔有伟人！"

张经辰，云南盐兴县琅井村（今属禄丰县）人，与赵祚传同年生，也是中共云南省委早期领导人之一，著名革命烈士。

张经辰家境贫寒，与母亲相依为命。1917年从琅井小学毕业后，以优异成绩考入昆明省立第一中学，在五四运动的影响下，投入了轰轰烈烈的爱国学生运动。1923年，通过在昆明开盐铺的三叔张绍和资助，到省外求学，先到南京、上海补习功课，次年考入满洲医科大学。当认识到只有革命才有出路时，毅然放弃学医，于1925年考入北京大学预科班，加入在京的地下党组织"云南革新社"（后改为"新滇社"），同年在李大钊等人帮助下加入中国共产党。

北伐战争开始后，张经辰担任"新滇社"北京支部负责人。1926年转入北京大学数学系学习,担任北大党支部书记,积极领导北大进步力量开展革命斗争。1927年11月,张经辰被反动当局勒令休学,随后便南下上海,转入地下工作。不久,受党中央派遣赴苏联中山大学留学习军事和政治。1929年初提前回国,被选为中共云南省临委委员。此时,白色恐怖笼罩云南,鉴于张经辰刚回国不久、尚未暴露,组织决定让他留在昆明继续领导地下斗争,先后任宣传部长、代理省委书记等职,并负责编辑党的地下刊物《斗争》。1930年春,地下党又遭破坏,张经辰不顾个人安危,深入陆良县三岔河、旧州、马街等地,建立中共陆良中心县委,筹划武装起义。6月18日,他与王德三等在马关八赛召开省委会,会议决定派他代表省委前往上海向党中央汇报工作。10月,为完成护送文件和活动经费的任务,他不避风险,绕道九龙、香港回到昆明,因叛徒出卖不幸被捕入狱。面对敌人严刑拷打和威逼利诱,张经辰坚贞不屈,表现了一个共产党员视死如归的大无畏革命英雄主义气概。1930年12月31日,张经辰和王德三等同志在昆明西郊被杀害,牺牲时年仅27岁。

四、历史人物

哀牢忠魂陈海、王金英

陈海,原名月开,广西苍梧人。1923年出生于越南海防,10岁随母亲回到昆明。1943年云大附中毕业后考入西南联大历史系,期间积极参加中共地下党领导的爱国学生运动。1945年初加入党的外围组织"民青",用漫画、木刻等形式宣传革命思想。1946年10月加入中国共产党,在昆明从事地下工作。1948年到镇南(今南华县)工作;12月,受中共滇西工委委派,到楚雄哨区开辟游击根据地,被选为哨区"三抗联防总队"指导员,组织读书会、政工会、农抗会、民兵、儿童团等。次年5月,三抗队到祥云整编为滇西人民自卫团(边纵八支队前身)第二支队,成立楚雄哨区人民政府,陈海任主席。10月,陈海奉命到滇西关禄段,以争取马超群靠拢革命、适时起义。经过陈海等其他同志的工作,滇西护路总队于12月举行起义。云南和平解放后,滇西护路总队整编为中国人民解放军滇桂黔边纵队暂编总队,陈海任政治委员。

1950年,中共滇西地委机关和专员公署由镇南迁楚雄,陈海任中共楚雄县委委员、楚雄县长。

4月前往哨区发动群众,开展征粮工作。5月8日凌晨不幸被土匪抓住,壮烈牺牲。1955年4月,中共楚雄县委、县人民政府在三街为烈士修建陵墓和纪念碑。

王金英,原名王镜秋,云南昆明人。1931年出生,1943年入私立教会学校天南中学念书。1946年考入云大附中高中,积极追求革命真理。1947年1月,参加学生示威游行,响应北平抗议美军暴行运动。同年4月,参加中国民主青年同盟。1948年11月,刚满17岁的王金英,给家中留下一张"我到山那边去了,请父母和哥哥们不必挂念"的纸条,毅然离开温暖家庭,来到祥云县前所镇小学,以教书为掩护,开展革命工作。1949年3月,王金英参加游击队,在人民自卫团二支队金江队(政工队)工作,转战在南山区的崇山峻岭之中。8月,加入中国共产党。10月,转移到楚雄哨区工作。1950年1月,任中共楚雄县委委员、宣传部长,兼任哨区区委书记及区人民政府主席。同年4月29日,楚雄县长陈海到达三街,召开干部会议布置征粮任务。5月4日,陈海、王金英又赶到尼郎召开会议。5月8日凌

四、历史人物

晨,遭遇土匪突然袭击,陈海、王金英被土匪抓住。5月9日,正逢街天,匪徒用耕索把陈海、王金英捆着押往三街,不准穿鞋,沿途用荆条抽打,浑身鲜血淋漓。经过百般折磨,他俩始终昂首挺胸,大义凛然。5月12日,陈海、王金英被土匪杀害于三街义地岭岗,临刑前他俩沿途高呼:"中国共产党万岁!毛主席万岁!""反对共产党绝没有好下场!""反动派的日子不会长了!"这位刘胡兰式的女英雄,牺牲时年仅19岁。

五、风景名胜

(一) 天下山茶数紫溪

楚雄紫溪山景区以山林地貌、古地质自然遗迹、自然风光为主体,民族文化、民族风情、古园林建筑为辅衬,是一个融自然和人文景观为一体,大容量、多功能的风景名胜区。地处滇西、滇西北风景旅游区走廊地带,在楚大高速公路和广大铁路线旁,距昆明较近,景观质量和环境质量优秀,四季鲜花盛开,古木森森,特别是春节前后,漫山遍野都是山茶花、马樱花等,仿佛是一个天然大花园,游人纷至沓来,争睹为快。

紫溪山位于楚雄市西南,距市区 13 公里,1994 年建立省级自然保护区,总面积 1.6 万公顷,森林覆盖率 96%,主峰海拔 2500 米,是天然森林公园。受亚热带季风影响,形成亚热带山地温良湿润型气候,年平均气温 12.1~14.9℃,干湿季

五、风景名胜

交替分明,雨量充沛。以万松岭为中心向四周辐射,峰峦起伏、森林茂密、古林苍天,是令人神往的植物王国和上百种鸟兽聚居世界。生长着以滇石栎、包石栎、滇青冈为主要林木的半湿润常绿阔叶林和云南松林,有高等植物202种,隶属于65个科,其中药用植物49科,76种;珍稀植物有百年生的云南茶花28株,还有零星分布的滇藏木莲、三尖杉、香果树、银杏、桂花、白玉兰、香樟、木姜子、云南含笑及杜鹃等,盛产松茸、鸡㙡等名贵食用菌。多种动物生活在山中,动物种类107种,其中列为国家一级保护动物有黑颈长尾雉、绿孔雀,列为二级保护动物有白鹇、小熊猫、蟒蛇等。

楚雄紫溪山自然保护区开发历史悠久,具有独特人文景观。历史上曾是滇中著名佛教圣地,山间古刹林立,都有名士高僧修行。民间传闻有"六十六座林,七十七座庵,八十八座寺"。"钟动方知寺,泉飞不见溪",道出深山密林之中,掩藏着座座古寺的幽静环境。可惜,这些古刹大部分毁于清朝后期兵患火焚。近些年,重新修建有紫顶寺、万松林山庄等。

紫溪山风景名胜区形成紫溪园景区、万松林景区、紫顶寺景区、功德林景区、板凳山民族风情区五大景区。紫顶寺景区主要景点有古刹新貌、古树名花、金顶寺观日、千年银杏树等。紫顶寺位于紫溪山紫金顶，建于明代万历年间。尽管紫溪山在明清两代是滇中佛教圣地，山上梵刹寺宫众多，但紫顶寺还是规模较大的一座。紫顶寺景区位于紫溪山主峰，包括原紫顶寺、炼磨堂、云台庵、中华庵、紫溪庵、寂光寺、福星庵等雨庵、朝阳庵、法云寺、普贤寺、法藏寺、古德林等寺院遗址，宋代银杏、元代木莲、茶花、明代玉兰、沩仰宗、临洛宗僧塔墓、云龙大箐原始森林等景观。众多寺庙中栽种的古树名卉，历经几百年风雨沧桑，寺倒僧散，枝繁叶茂的古老茶花、银杏、滇藏木兰、玉兰、孔雀杉等古树名卉依然存在，成为如今旅游者寻觅焦点。游紫溪山，金顶观日出，地势高耸，视野开阔，两侧树荫茂密，每当日出，旭日滚滚升起，满天霞光，四周层林尽染，气象万千。功德林景区位于紫溪山主峰之南。区内有百年以上古茶花树12株；石笋居两岔箐原始森林茂密，生长着富士茶、云南山茶、毛果山茶、

五、风景名胜

三尖杉等,是云南山茶原生种源保护区;东林原址有元代童子面茶花母树,树龄650年,被认为是世界上人工栽培最古老茶花,古竹林曾是曹洞宗最大寺院,也存4株古茶花。板凳山民族风情区以彝族古朴的民俗风情为主。是距紫溪山十多公里处的一座山,位于平掌、岔河两个彝族村之间。山上彝族村寨星罗棋布,彝族歌舞随处可闻可见。从紫溪山前往板凳山途中,马樱花树连绵交织,每当开花季节,竞相吐艳。板凳山是彝族喜爱植物——马樱花最集中、最便观赏之地。板凳山还是楚雄市彝族传统节日"马樱花节"主要活动点。每年农历二月初八,板凳山马樱花开得红艳。人们把马樱花采插在牛羊厩栏上,牛羊头角上也戴马樱花,晚上要给牲口叫魂,祈求六畜免遭疾病。万松林景区的万松山海拔2469米,为紫溪山第二高峰,马樱花成片成簇,峰顶建有"望海楼",登高可望楚雄全景。文殊阁四周绿荫覆盖,每当开花之际,盛开的杜鹃花红白相间,如锦似霞,在青山绿树衬映下,美丽动人。紫溪山还是天然动物园,最吸引人的绿孔雀,是吉祥动物,建有260平方米的孔雀馆,绿孔雀群昂首漫步、开屏展翅，招人喜爱。万松岭、砚台山、清静林、砚池、龙潭坝、紫溪，形成1.3平方公里的景区，森林茂密，是杜鹃林区，有马樱花、杜鹃、大白杜鹃、锈叶杜鹃、炮仗杜鹃、碎米杜鹃、映山红等10种，精品植于清静林内。

紫溪山有文物《护法明公德运碑》摩崖石刻。石刻为宋代大理国遗物，碑立于山僻路遥处，少有人到。刻字处高约2米，宽1.6米。文25行，行46字，左行楷书。据清嘉庆《楚雄县志》记载：摩崖建造于"戊寅"即南宋绍兴二十八年（1158年），碑文主要内容是歌颂大理国相高量成功绩，保存基本完好，有重要历史价值，为云南省重点文物保护单位。碑文是赞颂大理国相高量成之作，高氏在大理国中占有重要地位，高量成曾祖父高升泰，初为鄯阐侯，于宋哲宗甲戌（1094年），取大理国王而代之，号"大中国"。量成祖父高泰明，还政于段氏，但大权仍然在握。"高氏相之，政令皆出其门，国人称为高国主，段氏拥虚位而已。"大理国较为富庶的八府，都分封高氏子孙世守其地，而量成的父亲高明量就曾分封在楚雄，称政国公；其叔高明清封鄯阐（昆明),称平国公。紫溪山还有两块古碑刻,一是明崇祯壬午年(1642年)钦差镇守云南总兵官征南将军太子太保黔国公沐英所题的《云台庵碑记》,现今文字清晰完整。二是清乾隆四十六年(1781年)所立的封山碑《鹿城西紫溪封山获持龙泉碑序》,是当时紫溪山17座寺院的僧侣和大紫溪、九族河、木兰村等8个村寨民众共同订立的保护紫溪山森林、维护龙箐水源的山规民约。

> 冷艳争春喜灿然,
>
> 山茶暗谱甲乙滇。
>
> 树头万朵齐图头,
>
> 残雪烧红半边天。

这是明代诗人、画家担当和尚游紫溪山时,为紫溪山茶花赋的一首诗。

紫溪山盛产茶花,据当代植物学家考证,至少在1000年以前,山间就有人工种植茶花,现存留下来的一株"童子面",一树能开两色花,先开红花,后开白花,已成为茶花奇观,是国内已知人工栽培最早的茶花。紫溪山茶花不但树龄早,而且品种多,花色全,在滇中首屈一指。民间有"云南茶花甲天下,紫溪茶花甲云南"之说。

紫溪山茶花"鹿鸣春"（张方玉　提供）

楚雄作为云南山茶花重要原生地，是现存人工栽培云南山茶花古树最多、最集中的地方，堪称山茶科植物基因库。云南人工栽培茶花与南诏、大理举国崇信佛教有关，称山茶花为"曼陀罗"，栽种茶花于寺院、庭院以敬佛献佛。那时信仰的主要是佛教密宗，密宗修法的坛场称"曼陀罗"，其形状为八瓣，在这个区内充满诸佛与菩萨，故亦称为"聚集、轮圆具足"。

五、风景名胜

1089年大理国相国高升泰独掌国柄,封长高泰明于威楚府。1102年高明顺为威楚府演习,筑德江城于龙川江北岸。德江城里"中国公府"庭院内就种有茶花,而且以"大玛瑙"最盛。1141年高量成被封为相国,在位九年后,让相位与侄高贞寿后带夫人宝庆公主回威楚,临行,宝庆公主回宫剪茶花数枝带回威府,培植在德江城和紫溪山石桑城"山中宰相府"中,至今被命名为"相国茶"的古树就是高量成与夫人从大理国带回的茶花条扦插嫁接在原生山茶上长成的大树,至今800多年了。

紫溪山茶花:紫溪(张方玉 提供)

元代,著名僧人玄鉴的弟子普能禅师自江南

回云南传禅门宗赛马,入紫溪山建东林寺,他亲手将白茶花嫁接在寺内大雄宝殿前的原生滇山茶上,这就是紫溪山的一树两花,红花被命名为"紫溪",白花为茶花珍品"童子面"。"童子面"居世界榜首,其花开不俗,独具丰韵,其独特之处是一树同开红白两色花,先开红花紫溪茶,后开白花童子面,每年有长达半年的花期。每年十一月,当北方还是冰天雪地,红花已经悄然含苞,来年二、三月,当北方还初暖乍寒,它已是满树灿烂。红、白花绽放出美丽与妩媚,动人心扉。担当的诗,说的就是这棵茶花树。

到了明、清时期,楚雄紫溪山已成为拥有近百座寺、庵、林的佛教名山,寺寺都种有茶花,到现在楚雄仍拥有丰富的茶花资源,百年以上的茶花古树超过千株。

紫溪山的茶花拥有两个世界之最。首先,她是世界上古茶花树最多的地方。其次,世界上人工栽培最古老茶花树在紫溪山。为了充分利用紫溪山的生物资源,吸引更多国内外旅游者,紫溪山兴建了许多人工植物园,1200亩茶花园和1500亩杜鹃园就是人工建造的,其规模为全国少见。

2012年,第27届国际茶花大会在楚雄召开,为楚雄打造以茶花为特色的园林城市,提高城市知名度,推动经济社会发展带来良好机遇。随后,紫溪山风景区步入新时代发展时期,呈现越来越迷人的发展阶段。

(二) 西南第一山——武定狮子山

武定狮子山素有"西南第一山"之称,山势雄险,于蜿蜒起伏的丘陵中拔地而起,如雄踞而视的狮子。武定狮子山风景区距昆明88公里,主峰海拔2419.8米,年均气温13.2℃,冬无严寒,夏无酷暑,以一山一湖一箐为主体,形成山水风光、文物古迹、人文地质、民族风情为一体的风景名胜区,总面积166平方公里。1982年5月7日,楚雄州人大常委会批准狮山为州级自然保护区,主要保护对象为亚热带半湿润常绿阔叶林,森林覆盖率42%,属元江栲、滇青冈生态群落。

狮子山景观奇特,景色秀丽,林木葱郁。植物种类丰富,有86科165属214种。有古树栖云、翠拥中峰、诸天楼阁、万壑烟霞、巉岩接日、龙凤翠柏、乾坤双树、月潭潜龙、啸缝深渊、寒泉瀑布十景之说。

狮子山以形似伏卧的雄狮而得名，素以"西南第一山"和"中国八小佛教名山"而著称。景区由正续禅寺、牡丹园、林海、巉岩四大部分组成，有景点86个，是国家级AAAA级景区。古刹景区主要景点有狮山牌楼、正续禅寺、惠帝祠阁、龙凤翠柏、月潭潜龙、优婆夷坟、优婆塞坟、翠拥中峰、古树栖云、曲水流觞等；巉岩景区崖壑峥嵘，怪石嶙峋，洞穴深邃，云烟迷障，飞阁、悬亭、云桥、栈道、虬枝、莽萝、晓烟、夕照等种种景色遍布其间，人称"别有天"。林海景区4.8平方公里，处狮子山巅，林中松涛声不绝于耳，杜鹃、山茶、马樱、含笑花芳香四溢。鹤亭丽日、伏蟒望蛙、啸缝深渊、白龙灵泉、密松林园、无穷玄塔、龟母翠山、天台熊洞、盘陀奇石等景点妙趣横生。

高5.8米的乾坤双树石坊，建于清康熙四十六年（1707年），是进入正续禅寺起点。石坊两侧对生巨大杉树，一株粗壮，一株修长，故名乾坤双树。石坊上刻有对联"山藏龙伏隐高峰，永作滇云盛事；天遣狮蹲留宝地，祥钟罗婺灵源"，道出狮伏龙潜神妙传闻和武定地方历史典故。大

五、风景名胜

雄宝殿是禅寺主体建筑,为五檐歇山顶式土木结构,前檐下由简易斗拱铺作,高9.5米,5格开间,建筑面积454平方米。藏经楼,即惠帝祠阁,楼下供奉惠帝塑像,又是按皇宫格式建造,遂称之惠帝祠阁。楼阁建在高8米的石砌平台上,正面无阶梯,左右两侧仅容一人通行的石阶"九龙口"登上围有花板石栏丹墀;石栏柱头上有一只石雕望天猴,类似皇宫前华表柱头上的石猴。月潭、潜龙潭水终年不溢不涸,潭底石雕巨龙,蜿蜒潜游于潭水之中,在天光树影衬托下,石龙好似在天际遨游。相传为建文皇帝亲手开凿。穿过"别有天"石坊,进入巉岩景区。有一巨岩,如雄狮下山,称狮子崖。狮头仰对长空,张口、吐舌、怒目、竖耳、扬鬃,作长啸状。万壑烟霞奇景,指有雾早晨,俯视武定坝子,全为白雾充填,酷似一个装满棉絮的大盆,随着旭日高升,云雾渐渐减少,露出周围山头,如同云海中小岛,而沟壑低洼处,云雾如烟雾,经久不散。

狮子山美景让人耳目一新,往往让人心旷神怡,神奇的魅力来自于深厚历史文化积淀。狮子山因了近700年前的朝宗法师和指空法师两大得道高僧，成为名扬四海的历史名山，他们披荆斩棘的精神，他们广种菩提、弘扬佛法的虔诚，永远烙在人们心中，被称为狮子山开山祖师"二禅伯"。正续寺经明清两代整修扩建，形成大雄宝殿、藏经阁、五十三参神仙廊、礼斗阁和花厅、翠柏亭等一系列主要建筑。这些建筑，充分利用木结构特长，雕梁画栋，别具特色。

狮子山因朝宗、指空开山建寺，得以闻名于世。明帝王剃度为僧、归隐狮山的传奇故事，让狮山蒙上神秘色彩。惠帝祠阁有一对联：

僧为帝帝亦为僧，数十载衣钵相传，正觉依然皇觉旧；

叔负侄侄不负叔，八百里芒鞋徒步，狮山更比燕山高。

大雄宝殿前也有一联：

叔误景隆军一片婆心原是佛；

祖兴皇觉寺再传天子复为僧。

两副对联叙述一个传奇色彩的王朝，从佛门僧人当上开国皇帝的朱元璋，厥后从皇帝宝座上沦落为佛门僧人的二代皇帝朱允炆故事，染上为国人所津津乐道的传奇色彩，所抒发的感情，无

五、风景名胜

不唤起人们对春秋代序、人生苦短的历史感叹。狮山处处留帝迹,建文帝隐迹西南为僧的传说和遗迹,在武定狮山被人们演绎得活灵活现。正续寺巉岩中,有建文帝为逃避追捕而藏身的石洞"龙隐庵";有建文帝登高遥望中原、参拜星斗的"礼斗台";有建文帝挑水用扁担戳出的"月牙潭";有他亲手栽培出来的"龙凤柏"、茶花、兰花和牡丹花。一代帝王,苟且流亡40载,这是人生大悲剧。建文帝留诗展露心迹:

牢落西南四十秋,萧萧白发已盈头。

乾坤有恨家何在,江汉无情水自流。

长乐宫中云气散,朝阳阁上雨声收。

新蒲细柳年年绿,野老吞声哭未休。

正续禅寺侧边,一块肥沃的土地,经园林工人数年开发,成为闻名遐迩的牡丹园。每逢牡丹盛开季节,游人如织,为狮山景区增添又一奇观。牡丹观赏园和牡丹山水园,占地100多亩,园内有牡丹4万多株,分属120多个品种和红、黄、蓝、紫、黑等9个色系。还有传说,一丛建文帝亲手种植的白牡丹,历经600多年,依然枝繁叶茂,花径28厘米,被中央电视台誉为"中国牡丹之最"。狮子山也因之成为武定牡丹花会的重要地点。

（三）清凉世界——永仁方山

永仁方山风景区，又是楚雄州一大景观，景区位于滇川交界的滇北要塞，距永仁县城16公里，距攀枝花市62公里。景区面积15平方公里，海拔2200~2377米之间，平均气温11.9℃，与邻近钢铁城市攀枝花和热坝元谋形成明显气候反差。方山也是滇川边界佛教圣地，南方古丝绸之路的重要节点。

方山以一个"方"字区别于其他名山，在主峰四方平正，宛若一个广阔平台。平台上，松林如织，松涛如吼，使人感到大自然深旷以及由此而体现旺盛活力。山中树木葱茏，清泉四溢，丰富的人文景观与优美的自然环境融为一体，其景点有诸葛营、望江岭、七星桥、珍珠滴水岩、犀牛塘、静德寺、乌龟碑以及仙人洞、比丘尼塔、立象峰、活佛寺、下棋岩、武侯石壁等。

方山自然环境优越，自然景观、人文景观丰富，各具特色，又集险峻、古朴、幽雅、秀丽于一山，融山川、自然、历史、人文、宗教、民俗

五、风景名胜

于一炉，景色绝佳。

方山风光秀丽，气候温凉，山岳磅礴雄伟，泉水清凉甘甜。森林覆盖率超过 70%，动植物资源十分丰富，有乔木和灌木等植物 47 科 140 余种，动物药材 7 种，植物药材 29 种，野生动物有蟒、巨蜥、猴、岩羊、林麝、白腹锦鸡等 60 余种。有古树、稀树、古藤，巨石、奇石、怪石，传说、民俗、遗迹。诸多题字、诗文、摩崖石刻彰显丰富的人文景观，有"天然氧吧""佛教名山""诸葛胜地"美誉。

方山景区由诸葛哨所景区、方山寺庙景区、仙人谷景区、诸葛村景区、森林观光景区、休闲娱乐景区的 42 个景点组成，是避暑、疗养、度假、休闲、旅游观光、探险、科学考察的好去处，为国家 AA 级旅游区。

方山传说很多，有静德寺传说，一位半人半神的游方禅师，叫吕南，为寻找可供修炼的福地，云游四方。某一天，到了苴却（永仁）北面的高山上，这座高山就是方山。方山悬崖峭拔，古木参天，泉水汩汩，奇花异草如茵似锦，是一方佳境福地。吕南决心在方山建寺修行，但这是高土司的地盘，须征得高土司的同意。当吕南向高土司说明来意，土司深知方山乃"藏龙卧虎之地，龟鹤延寿之山"，不想让吕南在山中建寺，便故意刁难，要吕南给他治理山下狂风为建寺条件。因山下大刮妖风，每年成熟的稻菽都被妖风卷走。吕南用道术镇住了妖风，又用金钵罩住兴风乌龟精，最终把妖精变成石乌龟。高土司仍不愿让吕南在方山建寺，想用金银打发了事。吕南说："金银我不要，只要一块宅基地。"高土司问要多少地可作宅基，吕南回答只要一袭袈裟大小即可。高土司终于同意。哪知吕南脱下袈裟，向空中抛去，顿时变成一朵彩云，彩云冉冉而下，罩住整个方山。高土司后悔了，要吕南继续跟他赌一场金针穿金币，想以此为难禅师。他派人把金币埋在一座寺庙的地基下三尺，要吕南以金针穿金钱之孔。吕南毫不费力地做到了。无话可说的高土司，只好将方山让与吕南建寺，这就是形成方山静德寺来由的传说。静德寺大雄宝殿前，有一副楹联对方山开山祖师吕南建寺传说的描述：

吕南游僧一领袈裟遮圣地杖穿钱眼奠宝刹；
我邑名山八景殊绝胜神工磨龙转穴兴佛堂。

五、风景名胜

方山胜境七星桥漏天、登仙岩等都伴有优美的传说,这些传说仍被乡人津津乐道。而说得最多的还是诸葛亮"五月渡泸"南征的故事。

相传诸葛亮当年从成都出发,带领三千精兵经越西平邛都,过会理直插金沙江,在拉鲊渡口过江后,继续南下。正值五月,是滇境最热季节。将士们不适应江边酷热天气,过江后大都中暑生病。诸葛亮派人向前搜索,寻找可以休整之地。搜索小队来到方山,见山上古树森林,浓荫蔽日,清泉甘甜,气候凉爽,而且山势雄伟,居高临下,四周一览无遗,是难得的战略要地。诸葛亮闻报,大喜,急令部队在方山安营扎寨。诸葛亮命部队掘土筑壁,在山上挖了许多火坑,打了很多石碓窝。一天,两万多敌军追杀而来。敌军势大,寡不敌众,诸葛亮下令士兵烧起灶火,架锅煮饭,一时方山各处炊烟袅袅。追兵大惊,不知山中有多少人马,又见方山地势险要,易守难攻,迟迟不敢进攻。后来以少量精兵深入侦察,见到处都是舂米的石碓窝,四面灶火兴旺,士兵们井然有序,无半点惊慌之状,认为蜀军势大,各处皆有埋兵,便无功而退。诸葛亮的镇定,又为蜀军赢得一次战机。诸葛亮率部在方山休整两个多月，拔营而去。营址虽经千年风雨剥蚀，其轮廓仍依稀可辨。诸葛亮在方山重演一场"空城计"，吓退十倍于己的追兵，这一传说为方山胜景增添传奇色彩。

清朝年间，方山是军事要地，工事不断完善，驻兵近十万。清乾隆三十一年（1766年），阿文成公桂为将军，由金川移军征缅甸途中驻此，令兵士构筑工事，掘废垒基时，得三国铜鼓两面，又于营侧饮马池内掘出铁柱一根。嘉庆年间，土人又在此得铜鼓两面，"其形如瓦缶，周围有蛙蛤之形，击之不甚鸣，惟置之流泉之中，水激其心则声甚厉"。道光《大姚县志》载："在方山麓马鞍山有土城旧基，指为武侯营垒，又苴跛江亦有废垒，指为诸葛营，又江岩绝壁，上下数十丈中间，人不能到处嵌碑形，传为武侯阵图也。"道光年间，广南府训导王安廷慕名游历方山后，曾作《苴却怀古》云：

绝塞蜻蛉汉著名，当年问路此南征。

荒营处处埋铜鼓，野菜家家种蔓菁。

天遣一江争险要，户存十马验兹生。

五、风景名胜

风流我欲瞻遗像,那得祠堂似锦城。

望江岭位于方山东麓,在当年诸葛亮观察敌情的烽火台遗址上建有望江亭,望江亭栏外即为攀枝花市,登临其地,一眼望三江,两省(四川省、云南省)三地(楚雄、攀枝花、凉山)尽收眼帘,颇有一统江山雄浑之感。望江望岭望白云,观古观今观天地。108国道横贯山腰,金沙江水蜿蜒东去,成昆铁路沿江飘远,早起观日出,万水千山,烟波浩茫,朝霞无限,景色蔚然壮观,为方山第一景。

诸葛营遗址位于方山东麓,比丘尼塔位于望江岭和诸葛营同一山梁。比丘尼塔右侧有一古墓,为云公和尚墓葬,墓前有一楹联,"青山绿水出古秀,万代垂城百世新。"尼姑与和尚同葬一地,在佛教圣地比较少见。还有响鼓箐,位于望江岭西侧小路旁的山箐,因其地貌奇特,人站之上,用脚踩之如击战鼓般"咚咚"作响,因此得名响鼓箐。与响鼓箐、活佛寺接临,修有"犀牛望月"池。有个传说中的犀牛塘,凡牲畜饮过塘中水,会长得膘肥体壮。永仁县境牛马成群,繁殖兴旺,牛市越来越大,成为重要牛市。

方山景区的景点很多,还有仙人谷、苦荞箐、藤景、孔明洞、珍珠滴水岩、仙人岩、仙女潭、弈仙台等。"仙龟出洞"因一块天然岩石,酷似仙龟刚刚从山洞里探出大半个身子的样子而得名。仙龟上方有一朵灵芝石,称万年灵芝,是龟吃了灵芝才成仙的。七星桥位于方山南部山谷,原有一座石拱桥横跨溪流之上,是古丝绸之道姚嶲道必经之桥。诸葛村景区位于方山西南部,相传为诸葛亮残留部属,在方山繁衍生息,镇守滇川而形成的一个自然村落。方山冢三塔为丛冢,是方山岭南之丛徒、接代的德高望重的住持名僧建的三座塔墓。静德寺位于方山之巅立象峰上,始建于元代延祐三年(1316年),由方山佛教开山祖师岭南禅师创建,是楚雄州内最早传播佛教文化的名寺。活佛寺位于方山东南岭岗顶部,始建于元朝,毁于"文革"浩劫年代。2001年比丘尼释明照在文莱国弥托法师资助下,重修活佛寺。2006年4月在活佛寺大殿后开工建金刚舍利塔,安放金刚舍利子。塔中塑阿弥陀佛像,塔内的佛像四周可供弟子礼佛、念佛、绕佛。塔外回廊可供绕塔或禅座。

方山丰富的传说和文化遗址,在新时代开发下,更展示出无穷魅力,成为重要旅游景区。

(四) 滇中佛教圣地——牟定化佛山

牟定县化佛山,古时称自久山,又名玉屏山。化佛山因明代后期兴建佛寺开创禅林佛法而得名。明万历五年(1577年)至清乾隆十二年(1747年)的170年间,是化佛山佛教极盛时期,建有白云窝、见性林、心佛林、远功庵、宝莲寺、罗汉林、极乐庵、古花林、宝华林、雪岭林、绕顶寺、迦叶殿等13座寺庵。如今化佛山景区有30平方公里,海拔在1788~2588米之间。因山雄、林幽、树奇、花艳、寺古、塔多而被誉为"滇中第一山"。因人文景观和自然景观资源丰富,1993年被列为省级风景名胜区。

化佛山风景秀丽,与宗教文化相辅相成,渐渐使化佛山成为滇中一方名胜。化佛山的神奇传说,也因之流传于民间。据传说,无住禅师兴建白云窝禅寺之前,依山涌出一股汩汩泉水,漫无边际地流淌着,给人们生活带来不便。无住禅师看中此地与佛性有缘,便用法力阻塞山泉,让泉水改道向白云窝后山流去,俗称"大出水",又称"滚水塘"。寺庙建成到如今,正殿佛座前的地面常常有一汪湿润,说明这里正是山泉出口旧迹。化佛山麓王寺村前有一山洞,高约丈余,宽近一丈,深长莫测。相传洞内有三个岔洞,左边岔口通南华,右边岔口通广通,中间岔口深无止境。每年雨季来临,附近各路洪水汇入中岔口,只见流入而不见流出。洞内风紧吹不息,阴气逼人,有成群蝙蝠栖集于此,当地农民称之为"蝙蝠洞"。化佛山巅有块小平地,人畜经过,皆能发出吟吟响声,宛若踏于鼓面之上,故称"响鼓地"。传说有僧人在此坐化成佛,因此沾上了灵气。

化佛山开山祖师是牟定县本地人,俗姓邓,出家后参拜彻庸大师,承嗣曹洞宗第十二世,法名"洪如",号"无住"。开山祖师在白云窝苦修3年后,随师南游浙江天童山,参拜于临济宗大师密云下,并嗣法临济宗第36世。归来后随彻庸大师开创妙峰山德云寺,1639年应请入水目山重建宝华祥院。化佛山尚有无住法师衣钵塔,塔顶以日月石雕为冠,莲台上立覆钵形塔体,下有须弥座,造型别致。

五、风景名胜

明朝中期,滇中地区佛教盛行。定远县(牟定)各乡镇,信佛教者日笃,并出现一些学佛有成的僧侣和居士。普通小山村牟定县军屯乡梁官村,因无住禅师曾经居住而闻名于世,被世人知晓而载入史册。无住禅师自家乡往自久寨行走,住白云窝锡开山,建白云窝寺。"白云"二字的得来,据说便是无住禅师在这偏僻苦寒的山中诚心向佛,精心修炼,终于深悟禅机佛理的"善果"。传说因为无住禅师尽心求佛,佛祖特意显灵,在那一刹那间,一片白云缓缓飘来,白云中有古佛降临,悠然而来,悄然而逝。自此无住禅师满面红光,精神焕发,更加虔诚地参禅学佛。他为了验证修炼功夫和佛祖是否对他格外地垂恩,便斋戒沐浴,在白云窝乌龙潭手植山茶一株。其验证方式是将山茶枝条倒插,并在树边默念:"誓以茶花之枯荣,证吾道之成否。"不久奇迹发生了,无住倒插的山茶,枝叶繁茂,花朵满枝,花色艳丽。由此而繁衍了化佛山一带茶花的新品种,花为九蕊十八瓣,形如狮子头,色彩鲜艳,壮实丰厚。倒插山茶的故事,引起人们浓厚兴趣,很多善男信女纷纷前去瞻仰,观后无不啧啧称赞,争夸禅师修行得道。"此树独不颓""年年花自开"，人的血肉之躯毕竟不能与大自然相比，无住圆寂了，被人广为称道能够"证佛"的茶花，自然常开不败。

明末以来，从清朝至民国年间，化佛山香火兴旺，在与民族传统节日有关的日子里，游人熙来攘往，十分热闹。每年正月初一，善男信女们总是穿上最好的服饰，携老带幼，上山敬香拜佛，以求一年大吉大利。当地人称为"赶朝山"。化佛山开山至民国初年，兴建有僧刹20余座，寺庙林立，僧人众多，成为牟定境内最著名的佛教圣地。吸引不少文人墨客即兴咏赞，留下许多脍炙人口的诗文。如清人王天锡游化佛山时所赋："携酒闲游化佛额，一杯独坐听流泉。醉来记起无住话，夜叩山门学问禅。"飘然出世的情态，与化佛山悠悠然遗世独立的自然环境融为一体，像一股扑面的清风给尘世间奔波操忙的人，带来心旷神怡。

化佛山景色迷人，人文景观独特，旅游资源丰富。山上古木参天，筇竹叠翠，奇树丛生，遮天蔽日，藤树缠结，千姿百态。林中小道，谷幽

五、风景名胜

路转,溪水潺潺,落叶如毯。古有"风静如家居,昼夜鸾鸟啼"之誉。山下良田千亩,农舍烟缭。前有庆丰人工湖,水碧波平,后有茅阳峰,穿云绕雾,山前山后,相映生辉。化佛山主要景点有罗汉寺旁的舍身崖、宝莲寺旁的响鼓地、九叠泉瀑布、白云窝、乌龙潭、无住禅师墓碑、石云梯等。集山、水、石、林、洞、暗流等景观与当地浓郁彝族风情为一体的民俗风情,具有较高旅游开发价值。

化佛山景点集中在东北部景区、腹地中部景区、西南部景区三个景区。东北部景区山幽景秀,寺观重叠。登上999级石梯古道,可游览迦叶殿、白云窝、雪岭林寺观,还有古花林、乌龙潭、见性林等景点。腹地中部景区林密花妍,树鲜雀跃,有九叠泉、旃檀林、塔林、清定寺、宝花林、绕顶寺、远宫庵、响鼓地、杜鹃山、樱花岭等景观。登上绕顶寺,可观气象万千的日出,欣赏200余年枝繁叶茂九蕊十八瓣的"倒插山茶"。步入杜鹃山,野生白色杜鹃、紫色杜鹃、爆竹杜鹃应有尽有。到了樱花岭,满山遍野的马樱花争奇斗艳,一片火红。不同年代建造的40余座比丘尼塔十分壮观。西南部景区嶙峋怪石，千姿百态，登上崖峰，上接云霄，下临绝壁，身临其境，大有超脱凡尘，置身仙境之感。

白云窝和迦叶殿是化佛山最著名的寺院。白云窝地处化佛山北侧，后靠危峰。明天启二年（1622年）无住禅师创建，为化佛山第一宝刹。寺旁常有云气、彩霞布护，景色秀丽。迦叶殿位于化佛山东，建于清乾隆十二年（1747年），为无住法师弟子普睿创建，有999级石阶至山顶，是化佛山诸寺中规模最大的寺院。寺址开阔，殿宇宏伟，佛像庄严。殿堂匾额层层，楹联满柱，墙上壁画、诗文极有艺术品位。1988年经有关部门批准，更名为归元寺。建成寺门、天王殿、观音殿、禅房，红墙黄瓦，琉璃瓦顶。寺内佛像活灵活现，栩栩如生，彩画斑斓，庄严古朴。是化佛山盛大庙会的主会场。

化佛山僧人舍利宝塔是化佛山的又一大景观，现存40座宝塔以覆钵形为主，是佛塔建筑艺术瑰宝，也是研究化佛山佛教历史的珍贵实证。

化佛山作为历史悠久的佛教圣地，自有其神秘独特的景点。如望佛台，传说，有缘者清晨站

五、风景名胜

在望佛台东望,佛祖释迦牟尼会在佛光光环下,微笑着向人走来,西望人影会映入佛光之中,宛如已经化作了佛。昔日曾有文人对化佛山景点作过诗词,现摘抄如下:

> 白云绕顶远功庵,古花宝华雪岭前。
> 见性心佛朝迦叶,自在罗汉座宝莲。
> 旃檀瀑布溢斗阱,般若婆罗胜鸡山。
> 万佛尽在极乐国,心香一炷达九天。

清康熙年间,文人杨魁先、陈一敬也为化佛山作过词赋。

宿罗汉林化佛山寺之一
杨魁先

> 万山深处绀宫悬,行屐真看住斗边。
> 铁钵云生龙独卧,岩林风起虎初还。
> 听来梵呗销诸妄,会得菩提妙四禅。
> 此夜僧房经一宿,三生亦是旧因缘。

游化佛山
陈一敬

> 携酒闲游化佛巅,一杯独坐听流泉。

醉来记起无生活，夜叩山门学问禅。

化佛山珍稀植物和奇花异草繁多，属国家、省级珍稀保护的云南山茶、龙棕、扇蕨、大籽雪胆、云南马兜铃等。旃檀林旁有一株千年古藤，胸围2.32米，藤展60多米，覆盖面积2000平方米，堪称滇中之最，化佛山一绝。有古诗对化佛山珍稀植物作过描述：

腊梅含笑丁座草，金桂秋菊野山茶。

杜鹃玉兰沿阶草，紫藤兰花马樱花。

凤仙碧桃发枯草，梅花绶草金银花。

白芨木瓜仙鹤草，茜草扁竹灯盏花。

天冬薄荷伸筋草，紫薇虫蒌叶上花。

近年来，当地政府充分利用自然优势，开发化佛山。修通县城到化佛山、飒马场到化佛山公路，建有通讯基站，多方位筹集资金建设旅游景区，建成度假别墅、宾馆，把山水风光与当地民族风情结合起来，开发特色旅游。新建的袈裟殿，翘角飞檐，斗拱重叠，雕梁画栋，蔚为壮观，屹立在化佛山的秀峰中。每到农历初一、十五，无数香客纷至沓来，还许俗愿，饱览化佛山优美秀丽的自然风光。

五、风景名胜

（五）禄丰五台山

在禄丰县中北部，横跨中村、路溪两乡，北面与武定县猫街镇接壤的区域，即是禄丰五台山景区。景区范围由寨子山、营盘山、大龙山、象鼻山、下五台山、石牛山、大黑山等主要山峰组成，地势由西北向东南倾斜，海拔 2080～2525 米之间，总面积 60 平方公里，有水库和坝塘 11 座，库容 1100 万立方米，两条小河由西北向东流入东河水库。年均气温 12～13℃，日照充足，蒸发量较小，空气湿润，温度适中。

五台山分为核心区和缓冲区，森林覆盖率 80.5%。核心区（国有林区）有 35 平方公里，缓冲区（集体林区）24.7 平方公里，禄丰县人民政府于 1987 年把五台山划为自然保护区。五台山动植物资源丰富，有植物 67 个科 700 余种，优势植物以壳斗科、杜鹃花科、山茶科为主，景区分布较广的有木兰花科多花含笑，是滇中特有种。有一株马醉木（风姑娘）胸围 156 厘米，树高 15 米，为滇中少见树。还有众多云南松、油杉、桃、梨、杨梅、橄榄混交林。草本、藤本花卉及药用植物也较为丰富。野生动物主要有云豹、穿山甲、赤鹿、蟒、白腹锦鸡、角雉、赤狐、花面狸、豪猪、野兔、乌鸦、喜鹊、画眉等。

五台山区内景点类型多,山景水景,瀑布溪流,古树名木,奇花异卉,湖光山色,美不胜收,具有较高艺术欣赏和科研价值,是美术家、摄影家、旅行家和生物学家创作、疗养、游览和科研的好去处。

乘车踏上五台山,行走在蜿蜒山间公路上,沿途山花遍野,芳草萋萋,绿树成荫,美不胜收。到达五台山二台坡,首先映入眼帘的是叽啦垭口一叠落差32米的瀑布,从高山坠入林木苍茫的幽谷,响声轰鸣,水花飞溅,如洁白绸带清新烁眼。晴日,幽谷里烟雨蒙蒙,细濛水珠,映衬出一弯彩虹,在浓绿树影上显得五光十色,流光溢彩,艳丽斑斓。前方拔地而起的寨子山,山巅如托盘,又似巨型凤尾菇。山顶圆而平坦,树木稀疏,百草争茂,苍茫大地上似覆盖厚厚的碧绿天鹅绒,可容几千民众欢歌,山顶周围是陡峭的悬崖。每年八月初一,四方八寨的各族青年男女,自发到这山顶集会,纪念一对与封建世俗抗争的彝族青年恋人。傍晚燃起堆堆篝火,集会达到高潮。人

五、风景名胜

们拉起手，围着篝火载歌载舞，激情高昂，通宵达旦。故寨子山又称"八月初一山"。

在五台山，过了叽啦垭口，行走在曲折的山间公路，穿越在密林中，眼前茫茫林海，松涛阵阵，令人心旷神怡。沿山间公路，下到清水河边，有五林桥，桥头是金罐塘，有五台山保护区管理所，幢幢红砖平房，如镶嵌在青山碧水花丛间的红宝石，非常耀眼，富有神奇传说。十里清水河，从这里由西北向东南盘旋绕山而过。随之展现出清水河、戛力寺水库、朝阳洞、大炉箐水库、石牛山、仙人迹、瞭望塔等景点。

清水河，源于上下五台山茂密的阔叶林中，流水清澈，顺幽谷时而流过石夹岩缝，时而入宽阔平缓河段，时而跌下崖坎，形成瀑布坠入深潭，波涛汹涌，奔流不息。河两岸，岩石摩崖形态各异，如雄狮俯视，如野象饮水，如山羊跳峡，如巨蟒出洞，有的形似山鸡、牛蛙、河马、牧童，千姿百态，目不暇接。有的藏在密林花丛间，或露在山坡悬崖上。一段段出露河床石板，经流水长期冲刷，陷出大小不等的圆形石窝鱬数以百计，大者如卧牛，小则如杯盘，巧夺天工。流水过处，水平如镜,似结构精巧的彩池,又似千潭碧水,一尘不染。草绿、嫩绿、碧绿色的苔藓细丝流淌在清水中飘动。河段宽处可行舟,沿河尽现鸟语花香,鱼跃蝉鸣;古树名木,盘根错节。戛力寺水库,以古建筑戛力寺而得名,位于清水河上游,五台山西部,海拔2320米,建于1957年,坝高18米,库容200万立方米,呈东西向。弯月形水面,长约2000米,宽300~800米,库水烟波浩渺,风光旖旎,景色秀丽。西南部山势陡峻,大片茂密常绿阔叶林覆盖山岗和沟谷,泉水淙淙,四时不竭。东北部呈缓坡延伸,以云南松林为主,间有部分阔叶树种,山茶、杜鹃花、桃、梨果木点缀其间。库区可荡舟,可垂钓,或漫步幽谷,或闲游岸边,环境宁静,空气清新,山花烂漫,泉水甘洌,若身临其境,必赏心悦目。朝阳洞,位于下五台山,戛力寺水库南侧,为砂页岩崖洞。入洞五米处,过道两侧有一排长条石凳,经过道进石门,洞内空旷宽敞,地面有石桌、石椅、石床,可容千人住宿。洞底有两级石台阶,酷似点将台。大炉箐水库,位于五台山东部,大炉箐河中游,库容400万立方米,水面呈东南北西向,

五、风景名胜

由五条箐汇合;库区西南部的大片常绿阔叶林,苍翠欲滴,从山脊至沟谷直达水边。树荫蔽日的沟谷管底,溪水潺潺,流淌在巨石上面及其缝间,苔藓、蕨类、兰草等郁郁葱葱,丛丛山花争奇斗艳。库区东北部,挺拔的云南松,顽强地生长在岩石缝间,树林与石林相伴。从坝堤乘小船驶入宽阔水面,万顷碧波倒映出岸边山色奇石,恰如一幅幅长长的彩色山水画卷,美不胜收。水中枝条丛似披纱少女,在池水中亭亭玉立,婀娜多姿,又酷似座座山水盆景,变幻莫测,仿佛进入神奇的童话世界。

还有石牛山,位于五台山东北部,大炉箐水库北侧,海拔 2404 米。山顶有一巨石,中间自然裂成两瓣,酷似两头大水牛并头卧在山巅,遂得名"石牛山"。"石牛"周围遍布云南松幼林,间或有杜鹃花、山茶花等。从"石牛"向东数十步,是倒山箐,万丈悬崖下,森林密集,千年长藤缠绕在古树名木间,俨然一片茂密森林。仙人迹,位居五台山东部,西石坡水库下的岩板草地上,有脚印全长 78 厘米,脚腰宽 18 厘米,像是真有巨人从这里经过,脚印分左右,清晰可见四步，步距2米，步履均匀。传说有一男性仙人，下凡在水美草肥的西石坡放牧牛群，突然乌云骤起，狂风大作，暴雨倾泻，电闪雷鸣，霎时只听云端有天将传下玉帝旨令，要他火速回宫，仙人急忙吆喝追赶牛群返天庭，踩下一路脚印。结果在慌忙中遗漏两头吃饱睡卧在大尖山顶歇息的水牛。仙人走后，即变石牛，故原名大尖山也因此改名为石牛山。瞭望塔，位于上五台山，海拔2525米，建于1988年，为六角塔，钢混结构，高10米。从金罐塘乘车北上，途经三月三赛歌场，在密林中行驶6.5公里即达上五台山。登上瞭望塔，举目远眺，一览众山小，五台山全貌尽收眼底，远近山野鲜花遍野，山岗沟谷林海茫茫。11座水库镶嵌山间，水面波光粼粼，如镜似玉般在背山幽谷间熠熠发光。抬眼四顾，禄丰坝子、横山碧城、武定狮山、猫街花同、高峰海联、干海资煤矿，依稀可见，无比壮观，给人一种视野开阔，大度豁达之感。

五台山景点很多，各景点都富有美丽传说。金罐塘、锅底塘、葫芦塘、华松坡、老虎箐，尤其是五台山周围的悬崖峭壁，奇石林木，如仕女散花，如古代铜鼓，如乐山大佛，似观音菩萨，似人似兽，惟妙惟肖，不胜枚举。野生动物种类繁多，资源丰富，风景秀美。景区内有3个苗寨和1个彝寨，53户373名民族同胞生活其间。寨子风土人情、脚屋结构别具特色，保留着浓郁民族传统和生活习俗。他们间流传着许多动人民间传说和故事，令人神往。游览在林间小道，时常会听到清脆悦耳的笛声和悠扬歌声。步入村寨，热情好客的苗族兄弟，会邀你进屋，捧上自家酿制的米酒，品尝出清香与可口。如若加入他们的赛歌跳脚行列，往往令人陶醉，难以忘怀。

（六）世界恐龙谷

在禄丰县城以南23公里处的恐龙山镇阿纳村，有个恐龙山，地处昆楚高速公路旁，距楚雄市68公里，景区占地面积3.6平方公里，于2008年建成世界恐龙谷景区。恐龙谷景区坐落于禄丰恐龙国家地质公园内世界级的史前大遗址——川街恐龙山保护区，是一处依托恐龙化石埋藏遗址和山谷台地的自然景观。世界恐龙谷重现一个失落的侏罗纪时代，是集遗址保护、观光休闲、科普科考为一体的恐龙文化旅游主题公园，系5A级旅游景区。公园分为恐龙遗址科考观光区和侏罗纪世界旅游区两大区域,景区游览环线全长2.5公里。游客在这里走进恐龙王国,穿越侏罗纪世界,解读地球生灵的兴衰演化和亲眼目睹留存亿万年世界奇观的快乐体验,共享留存地球的1亿年世界奇观。恐龙遗址科考观光区3.5万平方米,由中国禄丰恐龙遗址馆(序馆、主馆)和科考营地两大区块组成。序馆面积3500平方米,是国内恐龙知识展示最为全面、专业,最具地方特色,科技含量最高,互动性最强的恐龙科普知识馆。主馆面积9999平方米,是一座集遗址保护、科研交流、科普教育、朝圣观光等多项功能为一体的综合性自然遗址保护建筑。

禄丰世界恐龙谷室内原址保护大厅里展示出极具震撼力的两大世界级奇观,一是震惊世界的恐龙大墓地——1.6亿年前的中侏罗纪晚期地质剖面和恐龙掩埋、发掘原址现场;二是创吉尼斯世界纪录恐龙骨骼化石装架展示。遗址馆外约2万平方米的山峦缓坡是科考营地,可供青少年们享受野外科考乐趣,获取古生物及地质知识科普乐园。另一大区域侏罗纪世界游览区则由重返侏

五、风景名胜

罗纪、侏罗纪历险、阿纳湖休闲观光带、侏罗纪嘉年华等区块组成,是世界恐龙谷中最刺激、游乐项目最丰富区域。自然山谷地貌,加上人工修筑的瀑布、河流、湖泊和以大量古树名木营造出来的绿化景观,再现侏罗纪时代恐龙王国生活场景,为游客构造一个亿万年前生气勃勃、繁荣昌盛的侏罗纪世界。时空飞船、沼泽探险、丛林幽灵、鱼龙惊涛等历险游乐项目有惊无险,却充满刺激;侏罗纪梦幻剧场内有"王者归来"的实景梦幻演示;"侏罗纪嘉年华"则有鱼龙击水、飞龙秋千、龙卷风暴、恐龙骑士等大型高科技娱乐项目。

禄丰世界恐龙谷在拥有震撼世界的恐龙大遗址上再现侏罗纪乐园,是集娱乐和科普为一体的大型主题公园。在世界恐龙谷能够看到震撼世界的恐龙化石掩埋大遗址、世界第一的恐龙化石标本装架展示、野趣横生的自然科普科考营地,还能领略气势恢宏的擎天柱、宏伟壮观的城堡、诗情画意的阿纳湖风光、真实再现的侏罗纪世界。除了能看的,还有不少能玩的,精彩奇幻的恐龙大本营、穿越侏罗纪的时空飞船、有惊无险的鳄鱼河漂流、疯狂刺激的侏罗纪嘉年华……这一切无不彰显世界恐龙谷神奇魅力。

禄丰恐龙谷遗址馆是震惊世界的恐龙大坟场，一条呈25度角倾斜、高15米、宽40米，长达83米的1.6亿年前中侏罗纪晚期地质剖面被完整地保留在馆内，在已发掘的380平方米剖面上裸露着约20具恐龙个体骨骼化石和蛇颈龟化石，未挖掘的坡面下则掩埋着等待逐步揭开的上百具恐龙和其他伴生物化石，壮观而神秘，是目前世界上规模最大、保存最完整的中侏罗纪晚期恐龙大墓地。禄丰恐龙谷遗址馆有世界第一的恐龙骨骼化石标本装架展示。60具出土的禄丰龙骨架在两个大平台上装架展出，供游客从平视、仰视、俯瞰多角度、近距离观赏，气势恢宏，极为壮观。

禄丰恐龙谷序馆侏罗纪大场景，自然的山谷地貌，加上人工修筑的瀑布、河流、湖泊，和以大量侏罗纪时期植物景观营造出翠绿山谷、茂密丛林、壁立山崖、从山崖上跌宕而下的大瀑布，在潭边和丛林里饮水觅食的恐龙、在沙丘边沼泽地追逐争斗的恐龙、高大的树林里若隐若现的巨大梁龙。由侏罗纪大瀑布、群龙对峙、腕龙相亲、

五、风景名胜

气龙追逐、双龙饮瀑、霸王龙窥猎、侏罗纪丛林、海枣之王、沙漠之林等九大景观再现侏罗纪时代恐龙王国生活场景,构造出一个1亿年前生气勃勃、繁荣昌盛的侏罗纪世界,让游客饱享一顿视觉大餐。

禄丰恐龙谷序馆侏罗纪历险分水、陆两条游路,游客或步行,或乘漂流筏穿越侏罗纪世界。禄丰恐龙谷序馆侏罗纪历险区内有史前丛林、帝鳄河、恐龙部落、鱼龙湖等四大景观,有时空飞船、沼泽探险、近亲家园、禄丰龙部落、丛林幽灵、鱼龙惊涛等历险游乐项目。选择步行的游客跟着恐龙脚印的引导,进入沼泽地中,在恐龙近亲鳄鱼和巨龟家园经历一段惊险的旅程。选择乘坐漂流筏的游客将沿河道顺流而下,漂行在一片雨林之中,沿途将经过友善的"禄丰龙部落",避开丛林中相互追逐格斗的凶猛暴龙,但可能难以逃脱河道中突然出现的鳄鱼群和巨大的蛇颈龙掀起扑面水浪。沿途藤蔓遮天的密林、枯树横倒的河滩、两岸陡峭的峡谷、水草丛生的沼泽、巨石纵横的跌水、开阔的疏林草地等景观都透着远古侏罗纪时代气息,让人感受更加真切。时空飞船在一个不起眼的洞窟崖壁上有一架坠毁的飞船。进入洞窟是一座神秘的飞船发射基地,从这里乘坐"时空飞船"飞越侏罗纪。飞船会进入神秘时光隧道,游客亲历地球生命演变和进化过程,在短短10分钟内走完地球生命几十亿年演化历程,最后进入侏罗纪世界。但在这段旅程中将会发生无法预测奇遇和惊险故事。禄丰恐龙谷序馆侏罗纪嘉年华是一个狂欢广场,有鱼龙击水、飞龙秋千、暴龙猎人、龙卷风暴、恐龙骑士等众多惊险刺激的大型现代高科技游乐项目,可尽情挥洒激情与活力。也有众多充满乐趣的游戏博彩项目,在这条"幸运走廊"里隐藏着无数机会和幸运,不妨小试身手,碰碰运气,在快乐玩耍中赢个精美小礼品。还有定时为游客演出"王者归来—相聚禄丰"梦幻场景剧。演出在真实场景中用高科技手段制造出梦幻般特效,结合演员舞台精彩表演,与观众共同演绎互动狂欢。观众既能零距离地感受灾难重现震撼,又能与演员形成互动,在轻松和快乐中享受感官刺激和精神愉悦。

1938年以来,禄丰境内发掘出土较为完整的恐龙化石个体120余具,年代跨越侏罗纪早、中、

五、风景名胜

晚3个时期。中外专家认为,禄丰是迄今世界上出土恐龙化石最丰富、最完整、最古老、最原始的地区之一,是中国恐龙原乡。2004年禄丰被公布为第三批国家地质公园博物馆。禄丰因恐龙而闻名世界,历史上禄丰恐龙曾两次在世界上引起震撼,一是1938年,我国古生物学奠基人,恐龙研究之父杨钟健先生在禄丰发掘出中国第一具恐龙骨骼化石标本——"许氏禄丰龙",并在重庆装架展出,使禄丰成为闻名世界的"中国恐龙原乡",由此揭开中国恐龙研究史上最为辉煌的篇章。1958年,国家邮政部发行的《禄丰龙纪念邮票》,成为世界上第一枚恐龙邮票。二是1995年在禄丰川街阿纳恐龙山,即在"世界恐龙谷"项目所在地,发现一处世界级规模的恐龙骨骼化石掩埋点,经过中美两国古生物工作者3年发掘和探勘,确定这是迄今为止世界上最大一处中侏罗纪晚期恐龙大坟场,有上百条恐龙埋藏于此,成为世界一大奇观。

禄丰恐龙谷生存年代跨度大,发现的恐龙生存距今1.35亿~1.8亿年,纵跨三叠纪、侏罗纪、白垩纪三个时代,其中侏罗纪时代化石最为完整,涵盖早、中、晚侏罗纪时代恐龙生存演化轨迹。草食性、肉食性，侏罗纪早、中、晚期恐龙同处一地，在世界上是独一无二。个体保存完整，禄丰恐龙化石个体完好率达到相当高的程度，连较小的尾椎、趾骨及发掘时最易碎的肋骨均保存完好，骨纹清晰。埋藏区域集中，禄丰恐龙化石主要集中于大洼恐龙山和"世界恐龙谷"所在地川街恐龙山，在"中国禄丰恐龙遗址馆"近1万平方米剖面岩层中所埋藏的恐龙骨骼化石在百具以上，如此高密度、多种类恐龙化石埋藏点是举世无双的，堪称世界奇观。在已经暴露出的400多平方米范围内，可鉴别的恐龙骨骼化石12具。其中巨型蜥脚类恐龙骨架11具，保存近于完整。最大一块肩胛骨长2米，该龙体长27米，为亚洲之最。种属分类众多，1938年以来，在禄丰境内发掘出古生物化石507种，恐龙达25属34种，随着研究的深入，不断有新恐龙种属发现。待解奥秘无穷，恐龙留下许多世界性奥秘，揭露谜底是全球性课题。禄丰恐龙神奇奥秘令人神往，恐龙密集之谜、跨越时空之谜、种属众多之谜、头向东方之谜、无恐龙蛋之谜等，无不体现着禄丰恐

五、风景名胜

龙家族独特和神奇。

(七) 疯神捏就的世界——元谋土林

元谋土林是土状堆积物塑造的、成群的柱状地形,因远望如林而得名,是楚雄州重要风景区。土林出现在盆地或谷地内,元谋发现的土林是最典型的土林景观,反映了古地理变迁和地貌发育过程。元谋土林也是一大奇妙的自然奇观,在经历几百万年地壳运动后,风雨之神把元谋土地雕琢成千奇百怪的形状。因此吸引众多摄影家、地质学家、知名导演前来参观取景,并拍摄有电影《无极》《千里走单骑》等。

元谋土林位于楚雄州北部,距楚雄州府134公里。土林按其成因和土柱形态特征,分为土芽型、古堡型、尖笋型、铁帽型四种类型。但景区各种形态的土柱是混杂分布的,使得土林形成丰富多彩,变化层出不穷。土芽型土林分布区地层岩性有差异,固结程度不一。有的因胶结与半胶结程度不同,沉积岩粘土矿物含水量及吸水后膨胀系数不一,地表岩层长期受风化作用影响,产生一系列裂隙,地表径流和雨水首先沿裂隙及软岩层进行侵蚀。形成一些高度与直径比小于1米,相对高度小于1米的土芽。是发展形成其他类型土林的雏形。古堡型水流不断在土芽型基础上侵蚀切割，沿着地层垂直裂隙、水平裂隙以及其他形态裂隙，软硬岩层层面侵蚀、剥蚀，形成拱砜、平砜、竖井等形状，人游于其间恍若到古城堡一般。这类土柱一般是柱体基座相连，顶部粗大浑圆，或呈锯齿状，面积较大，相对高度2~5米，柱体以下的平洞、拱洞在流水与重力作用下容易塌陷，使柱体分离，发展为其他类型的土柱。尖笋型土林，组成物质主要是沙和粘土，胶结较松散，顶部没有胶结坚硬遮挡层。受雨水冲刷淋蚀和地表水流侵蚀切割，形成圆锥状土柱，顶部尖锐，形态像硕大雨后春笋，又像宝塔尖顶，高度5~10米。铁帽型是一种典型土林类别，分布最广。地层中铁质、硅质、钙质经地表水洗刷，逐渐溶解析出、渗透、淋滤至不透水层界面上沉淀，富集胶结于上部地层，形成氧化铁帽或硅质、钙质铁帽，在水流侵蚀、冲刷作用下，渐渐暴露于柱顶，成为土柱天然"保护伞"，使得流水和强烈日照不能对顶部直接侵蚀、冲蚀。上头"铁帽"和下面土柱相融而一，有的像垂钓老翁，有

五、风景名胜

的似出征战士，有的像冗立仙鹤，有的像奔驰野马，形成土林一番奇景。

元谋土林主要分布在金沙江支流龙川江西侧，并沿分支水流河谷、冲沟边缘而分布。规模较大，发育较典型的有班果、虎跳滩、弯保、小雷宰、新华等土林群落。这些群落面积，都在5平方公里左右。土林柱体高大挺拔，每棵"林柱"均有独特造型，形成风姿各异的土林奇观。这些土林柱，有的像古城堡，有的像殿宇，有的像宝塔，有的像巨剑冲天，有的像刀脊横地，有的像展翅欲飞的雄鹰，像奔驰的骏马，像戴头盔的卫士，像摇扇苦吟的书生，还有"玉女观云""母子偕游"等立体群像，可谓鬼斧神工，令人叹为观止。土柱上分布密集的云母和石英等矿物质，在阳光照射下反射着灿烂光芒，更为土林增添绚丽色彩。

云南土林分布较广，以元谋县物茂土林、班果土林、浪巴铺土林为佳。云南土林与陆良彩色沙林、路南石林并称之为"云南三林"。元谋物茂土林位于元谋县境内，距县城32公里，是个不可不去的地方。一踏进土林，那千姿百态的造型，就仿佛使人进入另一个新奇天地。有的土柱如锥似剑，直指蓝天；有的像威严武士，整装待发；有的如亭亭少女，凝视远方；有的土柱顶上杂草丛生，间或长有野花；有的砂石垒垒，裸露身躯……各种形态的土柱混杂分布，使得土林形成丰富多彩、变化层出不穷的姿态，令人叹为观止。

只要走进土林，就会发现这些土林多由沙粒、黏土组成，还有丰富的动植物化石，如巨大的栎属性硅化木、剑齿象、中国犀、剑齿虎等，是距今两百万年前早第四纪积淀下来的，砂子和黏土中含有少量钙质胶结物，间或夹杂一些铁质结合体。由于这些土壤在漫长的岁月中，不断吸水、膨胀；失水、收缩，致使地面龟裂；加之雨水延裂缝冲刷、流动，久而久之，裂缝逐渐加深、扩宽、延长，土柱逐渐显露、增高，因而形成土林。土柱身上杂有的石英、玛瑙等，显露出来后，在太阳照射下，放出奇异光彩。

土林是在自然界外力（主要是水流）作用下，经历千百万年时间而形成的。土林是水土流失地貌特殊形态，一种奇异自然地理现象，是在千差万别地形结构，组成物质，构造运动，水文气候，土壤团力和水动力等综合因素形成的。元

五、风景名胜

谋土林是热带稀树草原气候，温暖舒适；土林被雨水浸泡会变软，展现特异形象；土林气候炎热干燥，阳光分外灿烂，是摄影创作好景致。

（八）金沙江龙街渡

龙街渡口位于元谋县江边乡龙街村，金沙江中段，地处元谋北部，海拔 850 米，距县城 32 公里，是古代南丝绸之路"灵关道"上的七大渡口之一。

古老的龙街渡是川滇两省的商贸大道和南丝绸之路主要渡口，千百年来，川滇商贾于此往来不绝，自古还是兵家必争之军事要地。蜀汉时诸葛亮南征，曾经三降于此渡口，七擒孟获，平定了南中。明洪武二十四年（1391 年）于渡口侧的江边村设置金沙江巡司（从九品），盘诘过往行人，维护渡口安定。嘉靖 14 年（1535 年）。状元郎杨升庵被谪贬戍边后，从云南回四川省亲，途经龙街渡口，在金沙江巡检司借宿，入夜听金沙江水波涛滚滚，难以入眠，遂于案头吟出了《宿金沙江》一首：往年曾向嘉陵宿，驿楼东畔栏杆曲；江声彻夜搅离愁，月色中天照幽独。岂意漂零瘴海头，嘉陵回首转悠悠；江声月色那堪说，断肠金沙万里楼。滚滚的金沙江水使杨状元发泄出了滴戍边陲的一腔哀怨。从那以后,杨状元每次回川,或是由川返滇,大多走的是龙街古渡。清初,吴三桂叛清,率领浩浩大军于此渡江向川西进发。1915年,云南护国起义,护国军一支队驻守于此,并于此与川军交火,击溃川军。1935年5月3日至6日,中国工农红军第一方面军一军团一师于龙街渡口的石花滩架设浮桥,佯作渡江,吸引了敌人大军,掩护了红军主力从皎平渡顺利渡江,在军事战争史上谱写了"巧渡金沙江"的著名战例。在龙街渡口,现在还依然保留着红军当年写下的宣传标语,已被列为州级重点文物保护单位,是理想的革命传统教育和爱国主义教育基地。

据有关史书记载,元谋古有八大奇景:日灿金沙、月筛古树、西河泛舟、平沙雁渚、新柳莺梭、茶房烧烟、龙潭疏雨、谪仙醉酒。随着时光奔流,到了今天,八大奇景中除"日灿金沙"保留外,其余奇景均已绝迹。"日灿金沙"是金沙江龙街渡口元谋古八景中唯一幸存的奇景,旧志载:"(金沙江)流经万山绝壑之中。皆峭壁悬

五、风景名胜

岩,平分对峙,各其水势,奔放若走蛟龙。惟县治北界接连渡口,漾出平滩,一望汪洋。天霁云卷,日色与水光争射,灿成五色飞霞,腾空上下,绚丽夺目,凝睇之际,不尽奇异之观"。

金沙江从四川渡口奔来元谋并逶迤东去,在元谋境内流经的50公里江段上,其江面的水、两岸的奇石别具一番情趣。两岸或悬崖峭壁高矗入云,酷似长江三峡,又似华山险境,令人胆寒;或怪石嶙峋,形态万千,像蜥蜴爬行,更像猴子捞月,随人幻想。江面或弯拐狭窄,波涛翻滚,浪花呼啸;或平坦宽阔,清水悠悠,渔歌唱晚。

从龙街渡口顺江而下10里,有"落水洞"景点,洞口在刀削斧劈似的悬崖壁与江面交界处,一股巨流旋转着涌入洞口,使附近江面朝着洞口倾斜,过往船只,一律不敢靠近,恐被"血盆大口"吸入其中。然涌进洞里的水不知流向何方,就这样千年万代地涌了进去。即便江水暴涨淹没了洞口,亦能看到洞口附近江水翻腾。落水洞上方的悬崖峭壁上一条古驿道高悬半空,陡峭险恶,即便是勇敢者行于其上也不免丧魂落魄,心惊胆寒。由于驿道的古、险、峭,被电影、电视摄制组搬上了银屏。

在中水期和枯水期,用快艇、气垫船、橡皮船、木船和筏子沿江漂流而下,既惊险刺激,又能领略金沙江自然风光的雄奇险峻。既能看"日灿金沙",又能看落水洞和古驿道。既能饱览"金沙水拍云崖暖"的壮丽奇景,又能体验"轻舟已过万重山"的惬意,还能领略傍水而居的当地少数民族绚丽多彩的民族风情。2010年12月龙街渡被列为全国100个红色经典区景点之一。

(九) 楚雄峨碌公园

楚雄城最早建设的公园,首当其冲的是峨碌公园。峨碌公园,俗称西山公园,位于楚雄城市西部的西山上,苍翠的峨碌山蜿蜒曲折,峰缓谷幽,风景宜人。最高处海拔1950米,主要景点有鹿苑、兴隆寺、天文台等。1974年,正式以"西山公园"命名,其后,为使风景区更多地保存古代风貌,使历史文化与自然风光更加密切地结合起来,遂易名为"峨碌公园"。早在清末《楚雄县志》就有记载:"峨碌在城西三里,即县城八景之峨碌晴岚,城之王山也。上有云泉胜景、飞阁流丹,重楼点翠、山色明净,水光澄清。坐树

五、风景名胜

影以荫凉,听禽声而嘹亮。天空云朗,城市山林,名士高人,题韵不少。"建园后当地政府曾多次拨款子以修建,对山林树木加强保护,对名胜古迹作了大量修复。

如今的峨碌公园,位于西山上半坡位置,主要游览地带处于山的中部,环山公路沿着山不断缠绕,是楚雄市天然防护栏。西山有山林面积3200亩。峨碌公园包括与城区接近的大部分山林,占地面积1540亩。主要景点有鹿苑、兴隆寺、天文台、长征纪念碑、西灵宫、凤山、果成馆等古迹。园中最大游览亮点就是可以看到各种各样的猴子,猴子成群,相互环保,作为陪衬的还有美丽的孔雀,一日内可见孔雀开屏两次。红军塔是为纪念红军长征过楚雄而建立的。

在突兀壮观的古山亭下,有荷花楼水榭,占地179平方米。跨进大门,沿西灵宫向左,盘旋而上的山林深处,由当地佛教界人士出面募款,把城南乐只碑村的兴隆寺移建此处。旺盛的香火,为西山平添几分梵唱,几分灵气。其实,峨碌公园山门也很壮观。峨碌山前,巍然壮观,金碧辉煌,属古代牌楼式建筑。走进山门,迎面一方花架盘旋错列，组成了一个风格别致的庭院，院内种植有大批奇花异草、扬芳吐艳，绚丽动人。坐在庭院旁边的回廊上，观赏庭院的花草，别有一番情趣，穿过庭院，一池荷花在粼粼碧波中摇曳生姿，水中映出了峨碌山倒影，更映出了满目葱茏。湖光山色，尽在眼底，与水池交错的曲桥水榭，虽系新建，风格却古色古香。楚图南所题"威楚雄风"一匾，居中而挂，十分显眼，与公园雄伟气势相合拍。荷花楼水榭面对孤山，山上原有古寺一座，曾是农民起义军首领明玉珍扎营处，有对联一副，曰："古寺无灯明月照；山门不锁白云封。"新建的古山亭，耸然而起，姿态俨然，登亭远眺，只见龙川江如练，环绕着鹿城，城中新街旧市，尽收眼底。下了古山亭，穿过门外梅花如染，院内花草芬芳的郁园，就进入峨碌山腹部了。

西灵宫是峨碌公园保留较完整的古代建筑，宫中供奉的神祇为一位深受百姓爱戴的彝族妇女塔凹奶奶。曾有彝族保黑公塑像一座，布巾包头，穿羊皮褂，持长烟锅、使用长竹竿吸土罐中酒状，有着浓厚的民族风情和生活趣味。宫中保存对联

五、风景名胜

一副:"捣练绕银溪,看水泻龙江,洗去红尘浊气;晴岚铺玉岭,喜山排雁塔,列开屏障光峰。"古人所命名的鹿城八景,被有机地嵌入对联中。后来,政府拨款对西灵宫进行较大修葺,使峨碌公园这一重要景点重新焕发光彩。宫内还修建了果成堂,纪念清末邑内画家果成。西灵宫外,古木参天,青松翠柏森然,环境十分幽静。城内老年人常在此聚会品茶,举行书法绘画和其他文化活动。露天戏台上,时常有带有地方特色的滇戏和花灯上演,演员多属业余。鹿园是一座小型动物园,与峨碌山自然风光融为一体,百鸟啁啾,充满和谐静温之趣。漂白凹有甜泉一口,泉水常年不竭。每天清晨,都有居民来此取水烹茶。鹿城居民充满情趣的生活,由此可见一斑。

峨碌公园西门外,就能见到不远处的灵秀湖。在灵秀湖不作为饮用水源的时期,一度开辟为灵秀湖公园。这离市中心2里许的灵秀湖公园,位于鹿城西南方向。原来叫尹家嘴水库,是群山之间,一座风光秀丽的水库,水面如巨大宝镜,映出青山倒影,也映出鹿城神韵。后来整修为灵秀湖,辟为灵秀湖公园时期,青山绿水,相映成趣。

城里居民乐于来休闲度假，游山玩水。特别是炎热夏季，水库坝埂上常常聚满人群，他们或是在水边的草地上小憩，或是在清澈的水里畅游，显得相当惬意和满足。作为水源湖后，又恢复灵秀湖的宁静，为楚雄城市生活增添新光彩。

（十）楚雄龙江公园

在楚雄市区，有一处迷人的休闲游玩地，那就是龙江公园。1981年在原龙川江旧河道上建成的。那段旧河道形如马蹄，故名马蹄弯。龙川江改道后，这段旧河道辟为公园，就叫龙江公园。

龙江公园坐落在鹿城西北隅，320国道南侧，占地面积174亩，其中陆地118亩，水面56亩，萦回环绕的水线，长达1800米。公园主体建筑为古牌楼，原系楚雄文庙杖星门的一个附属建筑，公园建成后，设计人员将其拆迁于此。古牌楼居中而坐，前面是环形曲栏亭阁，大门两边荟萃了文化内涵丰富的对联、匾额。后面是荷花飘香的水面。主楼为"江心楼"，分上下两层，作为人们品茶、会务、参观展览一个好去处，如今是楚雄市文化馆活动区，时常开展各类艺术活动，如书画展览等。古牌楼前面，穿过一片树木花丛，

五、风景名胜

公园中心草坪上,耸然而立的塑像"金鹿鸣春",记录了鹿城美丽传说。梅园、水月轩等傍水而起,幽静典雅的建筑与古牌楼一起,形成龙江公园风格独特的建筑群。

据隆庆《楚雄府志》载,城内外原有莲池夜月、南山雁塔、峨碌晴岚等八景,但时过境迁,有的只徒具虚名。人们比较有兴趣的,还是位于城西北角的龙江公园。龙江公园雕鹿群像作为鹿城象征,还有彝族人民善良、纯朴、勇敢的代表咪依鲁优美雕像,反映彝族独具风采的插花节生活壁画。历代名人游楚雄时留下的著名诗篇,也选刻于园内。如郭沫若1961年9月由昆明去大理,途中往返留宿楚雄。曾题七律二首志感。其一云:在路通滇肇锡名,楚威远镇古边庭。民族坝康美协睦,农田黍禾好收成。海椒户户红成串,多来欣看百货骈。诗篇前句写历史,公元前1122年,周灭殷时,同盟军中有濮人、寨人,这些民族原居楚雄一带;三国时,相传诸葛亮南征到达楚雄,今"诸葛营"之名犹存。连用这些典故写出楚雄历史悠久,它与祖国内地血缘联系。诗的后句,概括了今天彝乡从农村到城镇,从生产到思想的新面貌。此诗的手迹，已刻成碑，并建碑亭立于龙江公园内。明代四川状元杨升庵过楚雄时，借垂柳慨叹自己凄凉身世的《垂柳篇》，也镌刻在水面长廊上。

龙江公园建筑比较丰富而和谐，北面小巧的梅园，回廊阁楼，梅树环绕，清净幽雅，其中常有花卉、文物、字画展览；那东南角的溜冰场、游艇码头、船舷式的水上茶楼，或可品茗小憩，或可荡舟遣兴；东北角的樱花岛、海棠林和绿茵草坪，幽深僻静。北面石牌坊内的儿童游乐场，可供儿童嬉戏。

楚雄市区属亚热带季风气候，龙江公园景致与园林绿化，各种和谐建筑，吸引众多游客，成为市民重要休闲和娱乐健身场所，从早至晚的各种健身活动，让公园欢快吉祥。更有梅园、樱花岛、游乐场，还有花鸟古玩市场，活跃了人们的文化生活。

（十一）中国第一福塔

楚雄福塔立于楚雄鹿城东山之巅。由楚雄州政协倡议社会捐资，在明代古塔遗址上重建。2003年3月开工，2004年10月告竣。塔为八角

五、风景名胜

九层楼阁外廊式建筑，高59米。是中国第一座以彩画木雕石刻铜铸艺术展示中华福文化深厚内涵的景观古塔。

楚雄福塔广集福之内涵，一层外壁是红岩雕刻的青龙、白虎、朱雀、玄武四灵图案和唐太宗、宋徽宗、清高宗、清宣宗手书福字。塔内每层展示福的一个主题，一层财源茂盛、二层事业兴旺、三层学绩长进、四层家庭和睦、五层子孙成才、六层平安吉祥、七层从善积德、八层健康永驻、九层延年益寿。一层大厅置放一枚由两个青铜送财童子扶托，直径3.66米，重3.6吨中国最大的铜铸古钱币"万福通宝"，墙面镶有墨玉大理石雕刻鎏金的孙中山、毛泽东、周恩来、刘少奇、朱德、邓小平手书福字。二至八层各立一尊不同形态铜铸乐施弥勒，九层悬挂高1.48米、重1.2吨的百福铜钟。每层的斗拱、梁柱、藻井彩绘各种福吉祥图案。一层有四道刻有双园福字的铜门，二至九层均有椴木雕刻福字及图案的门窗。塔外有三层青石浮雕凭栏，凭栏是108块福雕图案。塔内塔外，各体福字和各种福图案不胜枚举。塔内每层高挂数盏木雕福字宫灯。塔外飞阁安装现代灯光,夜幕降临,流光溢彩,夺目苍穹。

福塔正南是一块 500 平方米的红岩石广场,广场两层十七级青石围栏台阶下,立有塔碑,碑座高 1.5 米,四方为各 7 米长的石雕凭栏,碑座上矗立 6.9 米高青石福碑,正面镌刻毛泽东手书福字,背面是楚雄福塔记。塔的东面是古典四合院"福苑"。碑的南面是由青龙河拾级而上的福道,数百米福道立有三道高 10 余米的青石"福门"牌坊。

上东山,行福道,进福门,览福苑,观福碑,入福塔。登塔赏景,秀美鹿城尽收眼底,入塔品福,千姿福韵尽现眼前。人在塔中,福在心中,心旷神怡,各得其所。

(十二) 鹿城人的大客厅——桃源湖公园

位于楚雄鹿城中心区的楚雄桃源湖公园,占地 86 亩,是自治州 40 周年大庆的献礼工程,以原州良种场农灌水塘为基础,逐步建成的。在 1998 年 1 月至 4 月的建设施工中,楚雄城区的中央、省、州、市属单位的干部职工,驻军部队及市民一万多人,以义务劳动的形式,参加公园建设。

五、风景名胜

桃源湖公园历经改造后,由五组人造景观组成。一是在35亩湖面中设置的音乐喷泉。有63台潜水泵、1900个喷头、1300盏水下灯光,形成水面奇异的喷泉。喷泉为电脑控制,按照设定程序,不断变幻形状。忽似高楼叠起、忽似荷叶辗转、忽似银柱腾空、忽似船桐争流,在霓虹灯照耀下,五光十色,绚丽多彩。音乐由人工控制,以轻松悦耳的曲调为人们洗尽风尘和疲劳。二是流水瀑布,系人工石壁,高水泻下,给人以生命涌动之感觉。三是13000平方米的绿草坪,尽显勃勃生机,给人以平静清幽的感觉。四是3万盆鲜花,沿路阶和草坪四周摆设,将游人团团围住,给人以置身花丛之感,让人心旷神怡。五是圆形下沉式广场,可供200人载歌载舞,成为人们自娱自乐和节目庆典演讲的大舞台。

桃源湖公园呈现出一派现代化园林景观,湖边有娴娜多姿的柳荫,青翠欲滴的草坪,直射云空的灯光,碧波荡漾的水面,争奇斗艳的鲜花,使绿化与水天融为一体,体现人与自然最完美的和谐。桃源湖独具匠心的规划者和建设者们,"实在是为楚雄人民办了一件大好事。"

人与自然的和谐，拉近了人与人的距离，使那些足不愿出户的人们也情不自禁地参加到美不胜收的自然景观里休闲娱乐，甚至流连忘返。人与自然的和谐，使桃源湖成为现代生态城市的标志。

桃源湖公园以秀丽、整洁、清新、宜人的环境和现代化的基础设施吸引着市民和游人，成为楚雄州、市对外开放的窗口。老人们到此载舞，青年们到此结对，儿童们到此戏水，游人们到此抒怀，每当夜晚来临的时候，举家前往的人们各得其乐，桃源湖公园被人们赞誉为"楚雄的客厅"。

（十三）"滇西黄金旅游线"上文化旅游地产项目——楚雄彝人古镇

楚雄彝人古镇，地处楚雄开发区，是楚雄城市重要旅游景区，彝人古镇占地3161亩，总投资32亿元，为楚雄彝族文化走出楚雄、走出云南搭建了一个重要的文化传承平台，实现了文化与经济的成功嫁接。彝人古镇于2005年4月18日动工，2006年火把节正式接待游客。游客量从2007年的130万，跃升至2008年的350万，再激增至2009年的570万，直至2010年的630万，再至

五、风景名胜

2011年的670万，2014年已突破716万人次，使得楚雄的城市知名度迅速提高。

彝人古镇是集彝族文化、建筑文化、旅游文化为一体的大型文化旅游地产项目。古镇建筑以两楼一底的仿古彝族民居为主。这些彝族民居是以楚雄、武定彝族土司、头人的住宅为生活原型加工设计的。在建筑风格上延续原德江城风貌，一百万平方米的超大仿古建筑群，再现南宋时期的盛世繁华；古镇建筑样式汇集云、贵、川等地的彝族高档民居样式，又吸取大理古城、丽江古城、江南水乡等园林景观精华，时间上广纳唐、宋、元、明、清，空间上博采东、西、南、北、中，荟萃经典样式，使之成为以彝族为主调的古典民居博物馆。

彝人古镇旅游区具有深厚文化内涵和品质，省内外各旅行社看好彝人古镇的旅游市场前景，有100多家旅行社签约彝人古镇旅游公司，把彝人古镇列入滇西旅游楚雄游站点，旅行社团外地游客观光旅游日益兴盛。每天都有数百人的旅游团队进入古镇旅游，观赏、游览、体验、感受和发现彝族文化旅游的乐趣和魅力。在身着彝族服装的彝家美丽导游姑娘引领下，游客们沿威楚大道进入古镇，饶有兴致地听着导游讲解，活泼的孩子们还不时地提问。在彝人公社，琳琅满目的彝族旅游商品吸引游客，民族特色旅游商品是游客们的最爱；在古戏台，彝家深情的拦门酒，让游客们深深感受彝人真情与好客；老虎笙、大锣笙、毕摩踩火红的铁犁头绝技，让游客们个个目瞪口呆；在梅葛广场，宛转悠扬的云南花灯演唱吸引了大批游客驻足欣赏……

  彝人古镇以建筑的美、文化的美征服旅游者。游览古镇后，游客们说得最多、感触最深的是，惊奇、惊喜、震撼、兴奋，想不到楚雄会出现这么一个宏伟壮观、风格独特、文化深厚、风情浓郁、美轮美奂的文化旅游景区，建筑美、园林美、景观美、人美水美风情美美不胜收，像古戏台的原生态民俗风情歌舞表演、火塘会的篝火晚会跳脚狂欢等彝族活文化的欣赏体验，令人欣喜难忘。让人携一路风尘而来，带一身欢乐离去。

（十四）楚雄州博物馆

  楚雄彝族自治州博物馆位于楚雄市鹿城南端，是"八五"期间云南省兴建的 3 大博物馆之一，

五、风景名胜

也是少数民族自治州较大的综合性博物馆。博物馆于1993年6月破土动工兴建,1995年7月21日楚雄彝族火把节期间建成开馆。其设计和建筑充分利用山坡地形高差,依山就势布局,将彝族民居土掌房、垛木房与现代大屋顶等建筑风格相融合,使建筑既突出浓厚的地方民族特色,又体现出现代建筑的宏伟气势。

楚雄州博物馆占地近60亩,总建筑面积11200平方米。分序厅、古生物厅、历史文物厅、彝族厅、地方党史厅、书画厅、动植物标本厅7个展厅,12个展室,展厅面积7000多平方米,展出各类文物8400余件。

序厅以形象、生动的河盘模型,电子控制立体显示楚雄彝族自治州的地形、地貌、行政区划分布、交通网络、人口民族、自然资源、民族文化精华及党和国家重要领导人在楚雄的活动情况等。古生物厅分恐龙世界、海洋生物、陆生动物、禄丰古猿、元谋古猿5个单元,以图、文字、化石标本的形式,向人们介绍地球上从生命起源的"三叶虫"到古猿漫长历史演化过程。展出距今800万年前的禄丰腊玛古猿化石,400万年前的元谋蝴蝶腊玛古猿化石。这些古生物化石证明楚雄是人类发祥地之一。历史文物厅分为旧石器时代文物、新石器时代文物、青铜器时代文物和元、明时代文物4个单元，展出有距今约170万年前的"元谋人"牙齿化石及旧石器时代实物，有新石器时代出土的各种实物及石棺墓复原，有青铜时代的楚雄万家坝铜鼓等文物。彝族厅是博物馆内最大的展厅，设4个展室，侧重展出反映彝族生产、生活、风俗等实物，展出州内外近百套各个彝族支系不同的服饰和数百件彝族手工刺绣品，以及彝族虎图腾、毕摩文化和彝族先民古老文化的结晶——"十月太阳历"等。地方党史厅展出大革命时期楚雄籍优秀共产党人赵祚传、姚宗贤、毕昌杰、张舫等人早期从事革命活动的事迹；中国工农红军长征过楚雄的光辉业绩；解放战争时期的文史资料等。书画厅收藏并展出国内有一定造诣的书法、绘画、剪纸等艺术作品，计100余幅，其中有数十件为彝文书法作品。还有郭沫若、班禅大师等人的墨宝真迹。动植物标本厅分种子植物、陆生脊椎动物、自然保护区、淡水鱼类、森林昆虫5个单元，通过对众多动植物标本的观察,能使人们对彝州丰富的动植物资源有一个概貌了解。

楚雄州是中国人最早的老祖先——元谋人的故乡;是禄丰恐龙的故乡;是迄今发现铜鼓最早的地方;又是一个少数民族自治州,文物文化十分丰富。楚雄州博物馆内展出闻名中外的禄丰恐龙化石、禄丰腊玛古猿化石、元谋猿人牙齿化石、万家坝铜鼓等一批珍贵文物,还有民族手工艺绣品、精美的彝族服饰、彝族太阳历、书法、油画、中国画、壁画、剪纸艺术品等,是了解彝州历史文化的一个窗口。

离楚雄州博物馆不远处的万家坝,是楚雄万家坝铜鼓及古墓群的发掘地。万家坝位于鹿城东南侧3.5公里的龙川江支流青龙河西岸。1975年,首次在这里发掘出铜鼓5面。万家坝铜鼓的价值,在于其历史的久远。据研究测定,万家坝出土的铜鼓及古墓群,其时代约为春秋晚期和战国初期,距今至少在2300年以上。万家坝铜鼓代表了中国铜鼓文化的一个类型,考古学界称之为"万家坝型"。迄今在云南境内发掘这一类型铜鼓19面,其中10面在楚雄境内出土。

后　记

云南省社科联组织编辑出版的《云南史话》系列丛书，是一项规模宏大的系统工作程，这套丛书的出版发行，功在当代，利在千秋。楚雄彝族自治州历史文化灿烂、自然风光秀美、民族风情浓悠，云南史话地方系列《楚雄史话》的出版，对于挖掘楚雄宝贵的文化资源，疏理楚雄文化脉络的意义不言而喻。党的十九大对文化自信提出了新要求，相信在中共楚雄州委、州人民政府的领导下和云南省社科联的支持下，通过楚雄州各族各界干部群众的努力，楚雄将迎来民族文化的大发展、大繁荣。

本书因上下沟通不够，原定为《楚雄城市史话》，后为《楚雄史话》，中途经历了一些波折，但在省社科联和州内专家学者的共同努力下，一个多月的时间完成了该书稿，原撰写的《楚雄城市史话》也可作为另一成果择机出版。该书由楚雄州社科联党组书记、主席何锡英任编委会主任,第一章、第三章由楚雄州社科联文有贤撰稿,第二章由楚雄州社科联陈九彬撰稿,第四章由楚雄州志办杜晋宏撰稿,第五章由楚雄州志办周能汉撰稿。楚雄州社科联调研员朱明云在整个研究过程中做了大量协调工作。

由于时间紧迫,水平有限,定有错漏,望读者批评指正。

编　者
2017 年 11 月